学級経営サポートBOOKS

保護者「対応」をやめる

親と先生の新しい
関係をつくる
学級経営

・ファミリーライフ
ュケーター
真未
ザ・イラスト
田りりこ

明治図書

はじめに

●世界を美しくしたいんだ

すみません、ずいぶんブンガク的な小見出しで始めてしまいました。

けれど、「はじめに」を書こうと思って、そもそも私はこの本を書くことによっていったい何がしたいんだと考えていたら、この言葉が、ボンッと頭に降りてきたのです。

いやいや、保護者「対応」の本を書くのに、〝世界を美しく〟なんて大仰な、と思われるだろうとわかっています。

それでも、実現したいのはそれなんです。言いたいのはそこなんです。

世の中には、残念ながら美しくない状況がそこかしこにある。けれど、ほんとうは誰も美しい状況の中で気持ちよく笑顔で過ごしたいはず。

それを、まずは学校から始めたいのです。

●ネガティブな会話の後ろ側にあるもの

職員室のネガティブな会話は美しくない。

でも、もちろん保護者の悪口を言いたくなる気持ちは、痛いほどわかります。

愛の反対は無関心、と言います。

先生方が、保護者に思いが伝わらないとき、勝手な解釈で批判されるとき、あるいは身勝手な言動に振り回されるとき、憤って、つい悪態をついてしまうのは、愛があるからだと思うのです。

「そんなものない。あきれているだけ」

そんな声が聞こえてきそうです。

でも、少なくとも「こうあってほしい」という願いがあるから、現実がそうではないことに憤るのではありませんか。「わかってほしい」という思いがあるから、理解されないことを、やるせなく感じるのではありませんか。

●綺麗ごとは美しくない

かといって、とってつけたような綺麗ごとの会話も美しくない。

着飾った言葉で保護者との関係づくりを語られても、偽物の匂いがするんです。

親と教師の関係は、初めて出会う同士なのに、ある意味濃密です。それぞれがそれぞれの思いで、子どもの育ちを考えているからこそ、ときには、すれ違ったりぶつかりあったりしてしまう。

その状況を、そんなに簡単に、さらっと表面的で理想的な言葉で語れるものでしょうか。……〝立派な〟先生に、非の打ちどころのない言葉でまとめられてしまうと、何も反論できない。だけど、なんか違う。

綺麗な言葉の裏に、言葉にできないもやもやとした思いが隠されてしまっている状況は、決して美しくないように思います。

もしかしたら、あけすけな悪口よりも、もっと美しくないかもしれません。

●むき出しだから、美しい

ネガティブな会話でも、綺麗ごとの会話でもない、新しいやり方を、この本では提案したいと思っています。それは、裸の心で、むき出しのまま、思った通りのことをあけすけに語りあうというやり方。

等身大の姿をさらけ出すことが、私はいちばん美しいと思うから。


これまでさんざん保護者の心ない言葉で傷ついているのなら、このやり方は怖いでしょう。自分を守るため、表面的に「対応」して済まそうという気持ちになるのも当然です。

だけど、先生に「対応」されていること、多くの保護者はなんとなくわかっています。そして、言葉にできないやるせなさを感じています。この溝は子どもを幸せにしません。

だから、そうじゃないやり方で、新しい関係を。

もし、傷ついたら痛いと言えばいい。伝わらなければ悲しめばいい。

その姿が、きっといちばん美しいです。

2025年1月

林 真未

CONTENTS

はじめに 003

第１章
「対応」の前に先生が考えておきたいこと

00 自分が持つイメージを変えてみよう 010
01 ９割の先生が知らない、学校と家庭の領分 012
02 子どもと保護者の残酷な真実 018
03 学校内外のリソースのリアル 022
04 アサーティブであることの大切さ 028

第２章
保護者を「理解」する

00 お互い歩み寄るということ 034
01 職員室の常識・家庭の常識は違う 036
Pattern1 「平日休む」ってあり？ 038
Pattern2 忘れ物は届けてもらうべき？ 040
02 保護者にも多様なバリエーション 044
Pattern3 ほとんどサイレントマジョリティ 046
Pattern4 さらに多様な家族のあり方 048
Pattern5 「個別の事情」は無数にある 050
03 家庭の〝文化〟を考える 052
04 学習支援力と子育て力は別 054
05 子どもが不登校になったとき、親は？ 056
06 障害がある子の親の気持ち 060
07 保護者から見えている世界とは 064

第3章
保護者「対応」をやめる

00 「対応」をやめるとは？ …… 070
01 立ち位置を変え、目的を共有する …… 072
02 丁寧すぎるほど解説する …… 074
03 まっすぐ伝える …… 076
04 わかってもらう …… 078
05 保護者「対応」をやめる …… 080
06 家族「支援」の考え方を知る …… 082

第4章
保護者の心にすっと届くあんしんフレーズ

00 自分自身として保護者と向きあう …… 092
01 「だいじょうぶ」 …… 094
02 「それでいいですよ」 …… 096
03 「一緒にやりましょう」 …… 098
04 「きいてみますね」 …… 100
05 「素敵なひとです」 …… 102
06 「「心配」はしないで」 …… 104
07 「マイナスの経験を大切に」 …… 106
08 「友達はいてもいなくても」 …… 108
09 「いろいろあります」 …… 110
10 「だいじなのは幸せです」 …… 112
11 ことばじゃなくても …… 114

第5章

こんなときは保護者とこんなコミュニケーションを

00 具体的にはどうすればいいの？……118
01 持ち物などの連絡をするとき……120
02 保護者会での事前予防……122
03 個人面談の3ポイント……124
04 保護者との電話の原則……126
05 個別の相談を受けたときは……128
06 友達とのトラブルがあったら……130
07 通知表へのクレームがあったら……132
08 不登校の子の保護者には……134
09 問題行動を伝えるときには……136
10 支援につなげたいときは……140
11 失敗をしてしまったら……142

おわりに 145 ／ 参考文献・取材協力 147

Column

1 新しい一歩を踏み出すために……032
2 「大人のための学校」が必要？……068
3 正直に、率直に話します……090
4 どんなときも好意を持ち続ける……116
5 自分で見て、感じたことを大切に……144

第1章

「対応」の前に先生が考えておきたいこと

うちの子は計算が苦手でした
暗算速くなるらしいよ
そろばん習ってみる?
体験教室に行ってみようよ
うーん…
※私もいまだに計算遅いです
勉強できる＝エライ
この刷り込みは大きいのです
つめこみ教育世代
自分の頭で考えて行動する力を育てる教育
これまたむずかしいことを…
もーお手上げ～
起業
英語
ペラペラ
プログラミング
これはこれでうちの子は大丈夫か心配だわー
自分ができなかったこと、苦手だったことも、子どもにはできるようになってほしい
体験教室に行った結果
そろばんやりたくない
わかった
それって親の願望の押しつけかしらん

私たちは、自分が思っているよりずっと、イメージに引っ張られてしまうイキモノです。

みんなが思いこんでいる当たり前は、実はイメージの産物です。

知らず知らずのうちにかけているバイアス（思いこみ）の眼鏡が、そのイメージを見せています。

バイアスの眼鏡をはずすと、イメージとは違う、思いがけない事実がそこにはあります。

イメージやバイアスに邪魔をされずに、絶えず本物の事実に近づく努力を。

事実を知っているのと知らないのとでは、それからの思考が全然違ってきてしまいますから。

というわけで、この章では、保護者のことを理解したり考えたりする前に、まず、私たちが今までなんとなく「こうだ」と思っていたものを改めて検証し、真実を探っていきます。

01　9割の先生が知らない、学校と家庭の領分

保護者だった頃からずっと、学校のお便りが、「いつも学校の教育活動にご協力いただきありがとうございます」で始まることに違和感を持ち続けてきました。「親が学校に協力？子育ての主体は親（保護者）なのでは？むしろ学校のほうが、数年間だけ親の子育てに協力しているだけなのでは？」と……。けれど、職員室でこの話をしたときの先生方の反応は、「そんなこと考えたこともなかった」でした。

学校の役割、家庭の役割

シンプルに言ってしまえば、本来、躾は家庭、勉強は学校、という役割分担のはずです。

ところが、学校教育法（P17）に並べられた役割が盛りだくさんだからか、はたまた、熱血先生が活躍する学園ドラマのイメージか、先生も保護者も、子どもの教育のことは、なんでもかんでも先生や学校が引き受けて当然、と考える時代が長く続いていました。

けれど、10年以上前の調査で、すでに、それまで学校の役割と考えられていたことを、家庭での役割と考える親が増えていることがわかりました。また、学校関係者が学校の役割と思いがちな不登校対応も、家庭教育の範疇と考える親が多くなっていることもわかりました。

先生たちも、今までのイメージや過剰な責任感を払拭し、本来的な学校の役割をはっきり意識しておくと、だいぶラクになるのでは。

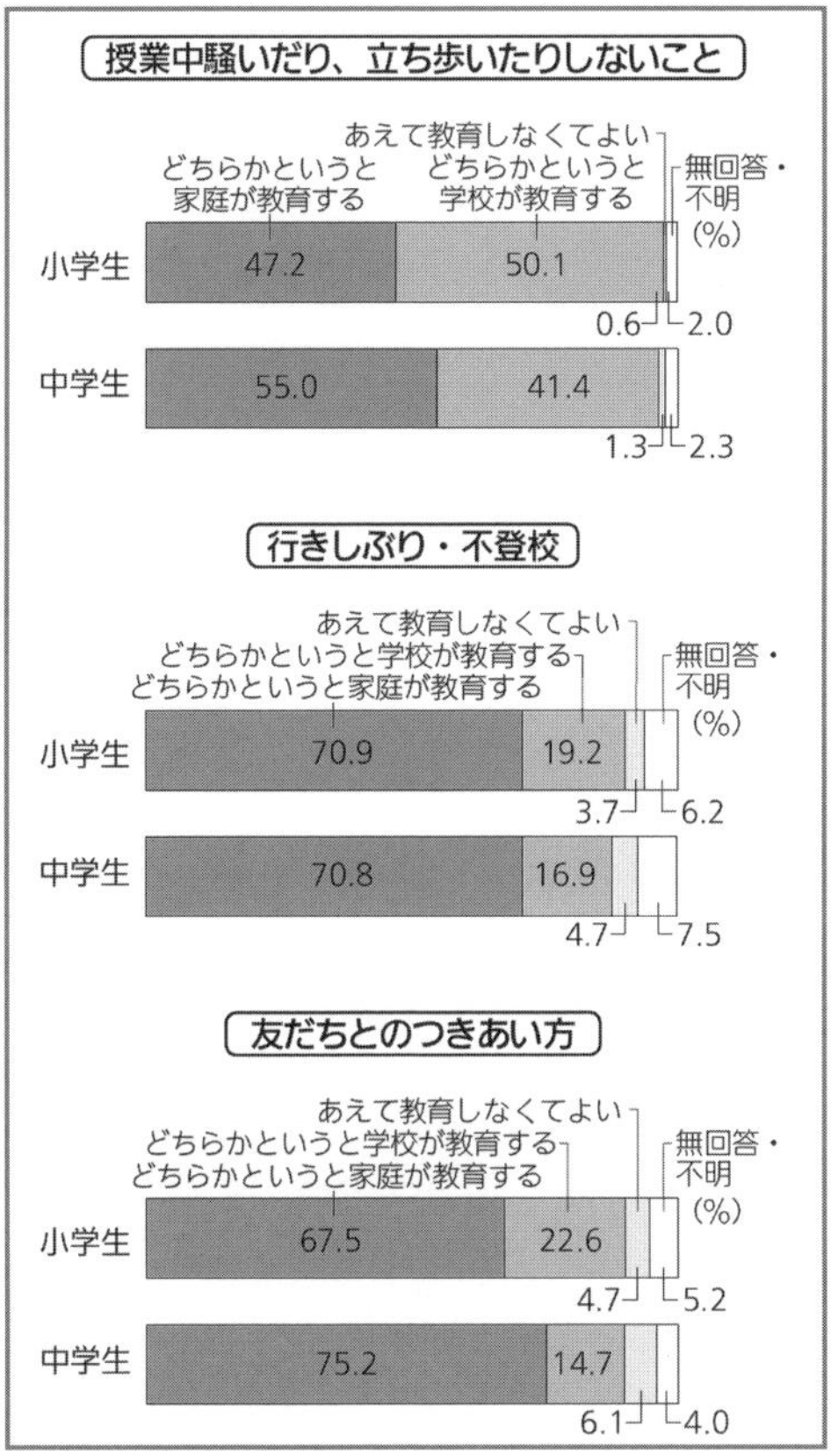

出典：ベネッセ教育総合研究所　第４回子育て生活基本調査（小中版）2011年

地域、地域というけれど

保護者と学校だけでなく、地域も子育ての一端を担うべきとか、学校、家庭、地域が連携して子育てを、とか、〝賢い〟人たちが提言するけど、現場では、そんなの絵空事ではないでしょうか。

そもそも地域に人がいないのに、できるわけがありません。いくら中教審が「働き方改革」を標榜して教師の仕事を仕分けしても、〝学校以外が担うべき業務〟を引き受ける人がいないのです。

父親は多忙、母親も働き、高齢者も生涯現役。かつて地域を担っていた人たちは皆、経済活動にからめとられてしまっています。受け止める人がいなければ、学校は、必要に迫られて背負ってしまった地域の役割を手放せません。

〝ご近所づきあい〟も希薄になったため、かつてそこにあった子育て家庭への支援も、今は、学校が担っている場合が多いです。

⑴基本的には学校以外が担うべき業務	⑵学校の業務だが、必ずしも教師が担う必要のない業務	⑶教師の業務だが、負担軽減が可能な業務
①登下校に関する対応、②放課後から夜間などにおける見回り、児童生徒が補導された時の対応、③学校徴収金の徴収、管理、④地域ボランティアとの連絡調整	⑤調査・統計等への回答等、⑥児童生徒の休み時間における対応、⑦校内清掃、⑧部活動	⑨給食時の対応、⑩授業準備、⑪学習評価や成績処理、⑫学校行事の準備・運営、⑬進路指導、⑭支援が必要な児童生徒・家庭への対応

平成31年１月25日中央教育審議会答申「新しい時代の教育に向けた持続可能な学校指導・運営体制の構築のための学校における働き方改革に関する総合的な方策について」第４章より抜粋

子どものすべての時間のうち、学校の占める割合は、約16％

下表の計算を見ていただくとわかるように、実は、子どもが一年間生きている時間のうち、学校に行っている時間は、たった16％なんです。睡眠時間を除き、分母を子どもが起きて活動する時間だけにして計算しても、27％くらいしかありません。イメージでは、少なくとも50％くらいあるような気がしていませんでしたか。

ここでちょっと、P16、17の法律文を読んでください。

たった16（27）％に、学校で担う任務をこれだけ詰め込むのは、なかなかだと思いませんか。そしてそれを真面目にやっている先生たち……。

法律が規定する、学校と家庭の領分

２００６年に、教育基本法が改正され、父母その他の保護者に教育の第一義的責任があることが明記されたことも、おさえておきたいところです。

それから、義務教育の「義務」は子どもが教育を受ける義務ではなく、親（保護者）が子どもに教育を受けさせる義務ということも、念のため確認しておきましょう。

子どもの学校滞在時間（概算・部活動を除く）の割合

子どもの全時間　３６５日×２４時間＝８７６０時間

子どもの学校にいる時間　２００日×約７時間＝１４００時間

１４００÷８７６０×１００＝約**１６％**

※子どもの睡眠時間（１０時間）を除いて計算したとしても

３６５日×（２４－１０）＝５１１０時間

１４００÷５１１０×１００＝約**２７％**

（義務教育）
第五条　国民は、その保護する子に、別に法律で定めるところにより、普通教育を受けさせる義務を負う。
2　義務教育として行われる普通教育は、各個人の有する能力を伸ばしつつ社会において自立的に生きる基礎を培い、また、国家及び社会の形成者として必要とされる基本的な資質を養うことを目的として行われるものとする。
（教員）
第九条　法律に定める学校の教員は、自己の崇高な使命を深く自覚し、絶えず研究と修養に励み、その職責の遂行に努めなければならない。
2　前項の教員については、その使命と職責の重要性にかんがみ、その身分は尊重され、待遇の適正が期せられるとともに、養成と研修の充実が図られなければならない。
（家庭教育）
第十条　父母その他の保護者は、子の教育について第一義的責任を有するものであって、生活のために必要な習慣を身に付けさせるとともに、自立心を育成し、心身の調和のとれた発達を図るよう努めるものとする。
2　国及び地方公共団体は、家庭教育の自主性を尊重しつつ、保護者に対する学習の機会及び情報の提供その他の家庭教育を支援するために必要な施策を講ずるよう努めなければならない。
（学校、家庭及び地域住民等の相互の連携協力）
第十三条　学校、家庭及び地域住民その他の関係者は、教育におけるそれぞれの役割と責任を自覚するとともに、相互の連携及び協力に努めるものとする。

（参考）義務教育・教員・保護者についての、教育基本法（平成18年改正）における記述

第十八条　小学校における教育については、前条の目的を実現するために、左の各号に掲げる目標の達成に努めなければならない。

一　学校内外の社会生活の経験に基き、人間相互の関係について、正しい理解と協同、自主及び自律の精神を養うこと。

二　郷土及び国家の現状と伝統について、正しい理解に導き、進んで国際協調の精神を養うこと。

三　日常生活に必要な衣、食、住、産業等について、基礎的な理解と技能を養うこと。

四　日常生活に必要な国語を、正しく理解し、使用する能力を養うこと。

五　日常生活に必要な数量的な関係を、正しく理解し、処理する能力を養うこと。

六　日常生活における自然現象を科学的に観察し、処理する能力を養うこと。

七　健康、安全で幸福な生活のために必要な習慣を養い、心身の調和的発達を図ること。

八　生活を明るく豊かにする音楽、美術、文芸等について、基礎的な理解と技能を養うこと。

第三十六条　中学校における教育については、前条の目的を実現するために、左の各号に掲げる目標の達成に努めなければならない。

一　小学校における教育の目標をなお充分に達成して、国家及び社会の形成者として必要な資質を養うこと。

二　社会に必要な職業についての基礎的な知識と技能、勤労を重んずる態度及び個性に応じて将来の進路を選択する能力を養うこと。

三　学校内外における社会的活動を促進し、その感情を正しく導き、公正な判断力を養うこと。

（参考）学校教育法（昭和22年制定）抜粋

02　子どもと保護者の残酷な真実

この項に書いてあることは、子どもと保護者だけでなく、先生にとっても残酷なことかもしれません。けれど、ほんとうのことを見つめなくては、先へは進めません。

そして、それが実は、幸せへの道筋だったりします。

この項は、特に、バイアス（思いこみ）の眼鏡をしっかりはずして読んでください。

遺伝と環境の新しい関係

親がどんな子育てをしたか、先生がどんな教え方をしたかにかかわらず、生まれ持った遺伝子によって、その子の能力はほぼ決まっているそうです。

たしかに、クラスの子どもたちを見渡してみても、運動神経の良い子は体育で何をしても上手だし、歌のうまい子は授業しなくても最初からうまい。美術作品も同様。それに、賢い子はどんな先生に教わっても成績抜群です。

また、遺伝は、親子関係で単純に伝わるものではないそうです。

遺伝の仕組みは複雑で、その結果、親の特性を譲り受ける場合もあれば、そうでない場合もあるとのこと。医者の子が当たり前のように医者になることもあれば、なかなか医大に受からず自暴自棄に、なんてケースがあるのも、これを知れば了解できます。

オトナがどうあがこうと、子どもたちはそれぞれ、持って生まれたものを使って生きていくしかない。そして、どんな子に恵まれるかは、どんな遺伝子を持って生まれるかは誰にもわからない。

これは、安藤寿康氏が研究で明らかにした、残酷な真実です（より詳しく知りたい方は『日本人の9割が知らない遺伝の真実』（ＳＢクリエイティブ）をお読みください。

「良い教育や環境を用意することで、子どもは誰でもどこまでも伸びていく」「親の才能は子に遺伝する」という考えは、実は、事実とは違う、ニンゲンのイメージの産物だったのです。

残酷と感じるのは、価値観のせい

遺伝的要素がどうであれ、教育や環境によってその力を伸ばすことは可能です。ただ、その能力が他の追随を許さないほどのレベルになれるかどうかは、生まれたときから決まっている。それを残酷に感じてしまうのは、私たちの、自分の中に根づいている価値観のせいです。

私たちはどうしても、遺伝という言葉に才能とか可能性といった言葉を結びつけ、社会的成功につながる遺伝的要素を良しとしがちです。

そんな価値観が、単純な遺伝の真実を「残酷」と感じさせるのです。

遺伝は、IQやスポーツ、芸術の才能のようなわかりやすいものだけではなく、性格や行動特性、あるいは、名前のつかない才能、今の価値観では評価されない能力など、人間のあらゆる側面に影響を及ぼしています。

オリンピックでメダルを取ると、日本中から称賛されますが、敗者に優しい言葉かけをしたとしてもそれほど注目されません。

オリンピックに出場したりメダルを獲得したりするのは、たいへんなこと。それは手放しで称えられるべきことです。けれど、優しい言葉かけができる才能があることだって、オリンピックでメダルを取る才能ほどの希少性はないかもしれませんが、何よりも素晴らしいことです。

この二つの価値に、優劣はありません。

真実の先に幸せへの道がある

遺伝に勝てないと達観することは、教育をあきらめることではありません。むしろ、それを知っていることは教育の大きな武器。

成功ではなく幸せを目指す教育においては、残酷な真実は、有意義な事実に変わります。

例えば、日々の授業で、子どもが、「わかった！」と笑顔になったり、「面白い！」と興味を持ったりする。そのためには、一人ひとりの素質を見極め、それに合った指導をすることが効果的です。

また、類稀なる才能を先生が見いだしたり、保護者が応援したりするのも素晴らしいこと。ただ、どこかで、ジタバタしても遺伝には勝てない、とわかっていれば、「努力さえすればなんとかなる」とこだわりすぎて苦しくなることが避けられます。

さらに、育てにくさを感じるときも、生まれ持った要素が大きいことを知っていると、助けになります。育てにくさが生まれつきとわかっていれば、保護者が、「自分の育て方が悪かったのか」と思い悩まずに済みますし、周囲の大人たちも「どうしてこの子は」と、子どもの意欲や性格に原因を求めなくて済みます。

親も先生も、育てにくい子に出会ったら、遠慮なく、助けや支援を求めればいい。その子の遺伝的素質に沿った育て方を模索すればよいのです。

遺伝の影響について正しく知ることは、決して残酷なことではなく、その子に最もふさわしい〝幸せ〟を見つけるために、とても大切なことなのです。

学校内外のリソースのリアル

「リソース」というのは、そこにある、有用なもの、ひと、こと、場所等を総称する言葉です。

ここでは、保護者との関わりの本題に入る前に、学校内外の人的リソースのベーシックな役割と、教科書通りにはいかないリアルな現状の両方を確認します。

学校内

【同僚・学年主任】

同じ職場内の人たちをリソースと捉える感覚はなかったかもしれません。けれど、先生方はそれぞれ、保護者「対応」に自分なりのスタイルを持っています。

そこから学ばないのはもったいないことです。

相談はまず学年主任に、というのがこの業界のセオリーですが、他学年の担任でも、いいなと思う先生がいたら、積極的に話を聞いてみては。複数の先生に聞いて回ると、自分の見えない引き出しに、保護者との関係づくりのアイデアがどんどん増えていきます。そして、それらのアイデアをまるごと真似したり、組み合わせたりしながら、自分にふさわしいやり方を編み出していけばいいと思います。

【管理職】

徹底的に先生方のフォロー・応援をしてくれる管理職がいたら、それは大きなリソースです。

けれど、必ずしもそうではないという肌感覚を、先生方が持っているのも知っています（ここではそのことには突っこみませんが）。

いずれにしても、学年主任とともに、管理職への報・連・相（報告連絡相談）は必須です。学校でのあらゆることの最終責任を取るのが管理職（校長、副校長）ですから、担任は、責任者と問題を共有しなければならないのです。

たとえ、言いにくい失敗や、怒られそうな気配があったとしても、事情をぜんぶ包み隠さず知らせることが、最終的には良い結果につながります。

そこは覚悟を決めて、あらゆることを隠さずに伝えましょう。

【スクールカウンセラー】

かつて大きな期待とともに導入されたスクールカウンセラー。その恩恵に感謝している先生がいるいっぽうで、「教員が伝えにくいことを保護者に伝える」役目だけと考える先生も少なくありません。

本来「相談」と「カウンセリング」は別のものです。「相談」は、識者や親しい人が話を聞いてアドバイスすること。「カウンセリング」は、カウンセラーがクライアントの心の鏡になって気持ちの整理を手助けすることです。

ですが、スクールカウンセリングの実態は、カウンセラーが専門性よりむしろ個人の見解に基づいて「相談」を受けているような感じがしています。

カウンセラーの日給は驚くほど高額です。なぜなら、彼らはプロフェッショナルだから。

だから私は、カウンセラーさんには、「カウンセラー便り」なんてつくらなくていいから、子どもの他愛のない相談はこちらで引き受けるから、どの学校にも何組かいる、プロでなければ太刀打ちできない難しい家族に、年間を通して集中してほしいと思っています。

【スクールソーシャルワーカー】

スクールソーシャルワーカーの主な業務は、①問題を抱える児童・生徒が置かれた環境への働きかけ、②

関係機関等とのネットワークの構築、連携及び調整、③学校内におけるチーム体制の構築及び支援、④保護者及び教職員等に対する支援、相談及び情報提供等。……のはずですが、実態はいろいろで、カウンセラーさん同様、仕事の内容に個人差が大きいです。

また、多くが自治体採用で学校に派遣されるシステムですが、本来は、学校に常駐でなければ、効果的なソーシャルワークは難しいのではないでしょうか。

【教育相談担当】

保護者との関係づくりも教育相談の範疇なので、校務分掌に教育相談担当があれば、その担当者もリソースです。

【スクールロイヤー】

この言葉が使われ出した当初は、学校に常駐する弁護士のようなイメージでしたが、今は学校問題に関わる弁護士を広くスクールロイヤーと呼びます。保護者とトラブルになってしまった際、いざとなったら、自治体付きのスクールロイヤーの支援が受けられます。学校的視点と法律の視点は異なっているので参考になりますし、訴訟問題にも対応可能です。新しいリソースとして頭に入れておくといいと思います。

【PTA】

保護者の方とはあまり関わりたくないというのが、多くの先生方の本音でしょう。でもＰＴＡの役員の方々と普段から懇意にしていると、保護者の考えを聞きたいとき、協力を得たいときなどにありがたいです。

学校外

【子ども家庭支援センター等／教育センター相談室等／その他相談機関】

本来、「学校」は子どもの育ちを保障する場所で、保護者の相談機関ではありません。

保護者向けの相談機関は、子ども家庭支援センター等の家族支援機関の他、教育委員会、国、民間団体主体、SNS・LINE・電話等を使ったものなど、調べるといくらでもあります。ただ「どこも実際に動いてくれるわけじゃなく、同じような話をするだけで、全然役に立たなかった」という保護者の声を、私は幾度となく聞きました。そこで私は、相談機関を紹介するときは必ず「相談したいことに見合うかどうかわからないけれど」とひと言添えます。そのひと言が杞憂になることを、相談先が、話をするだけじゃなく、実際に動いてくれたり、効果的な支援を提供してくれたりする、有意義な支援機関であることを期待しつつ……。

【児童相談所（略称　児相）】

児童相談所の謳い文句を額面通り受け取ると、児相は子どもの相談になんでも対応してくれるところのはずですが、実際には、虐待対応や非行少年の一時保護など、扱うのは重い事例が中心です。地域によって同じ業務なのに中身が大きく違うということもあるようです。なお、里親関連のことも児相の担当です。

地域の児相がどんな状況であっても、とても心配な家族がいたときは、学校を卒業した後も公的に支援対象と認識してもらうためにつながっておくことは必須、と私は思います。

また、児相への虐待通報は、本来、子どもだけではなく親をも救うための第一歩です。けれど、まだまだ、親の悪事を言いつけるイメージのほうが圧倒的に大きく、保護者は「学校に通報された」とネガティブに受けとめがち。これを避けるため、私は、必要なときにはあらかじめ当事者の親に説明を尽くしてから通報します。

【主任児童委員】

主任児童委員は、地域の有償ボランティアです。気になる子のいるご家庭の見守りをお願いできます。地域によって、文字通り見守りだけの方と、もっと積極的にご家庭に関わる方の差が大きいです。

【要保護児童対策地域協議会】

学校、主任児童委員、支援センター等、要保護・要支援児童（生徒）に関わる機関が集まって、支援の方針を決める会議です。個人的には、当事者も協議会に参加すべきと考えますが、関係者のみの会議です。また、残念ながら、必要な児童すべてに設置されるとは限らず、また設置されれば万全というわけでもありません。

学校内外とか、職種別とか、いろいろ分類して説明してきましたが、ぶっちゃけ、そんなの関係ない！と私は思っています。資格を持っているとか、専門職だとか、相談機関にいるとか、そんなことはまったく信頼の担保にはならない。これはほんとに由々しき問題ですが、現実はそうです。逆に「だから、ふつうのおばちゃん」のほうがいい、と言われることもありますが、そう決めつけるのも片手落ちです。

要は、人なんです。

資格があろうがなかろうが、その人自身が、信頼できるかどうか。本質的な力があるかどうか。

最終的には、そういう視点で自分の周りの「リソース」を見極め、協力者や連携先を集めてください。

04　アサーティブであることの大切さ

　ほとんどの人が、知らず知らずのうちに、偏ったコミュニケーションの方法を身につけてしまっています。
　この項では、その、気づいていなかった自分のコミュニケーションの癖について確認します。
　そして、それに代わるアサーティブコミュニケーションについても、ちょこっとだけ学びます。

自分のコミュニケーションの癖をチェックする

アサーティブコミュニケーションのトレーナーであるアン・ディクソン氏は、その著書の中で、人が陥りがちなコミュニケーションの癖を三つ挙げています。

一つめは、攻撃的タイプ。

このタイプの人は、

「どういうことだ！困るじゃないか！……しておくという約束のはずだ！」

などと威嚇して、自分の主張を通そうとしてしまいます。

二つめは、受身タイプ。

このタイプは、

「すみません、すみません、全部私が悪かったんです」

と、ひたすら周りの意見を受容し、自己主張をしないまま、悲劇のヒロインになるのです。

三つめは、作為的タイプ。

攻撃的タイプのようにあからさまなことはせず、

「私は構わないけれど、……さんはどう思うかわからないな」

などと、うまく策略を用いて自分の思い通りにもっていこうとします。

この三つのタイプのコミュニケーションを取りがちな人に共通するのは、自信のなさだそうです。

能動的に攻撃するのも、消極的に受身的になるのも、うまく立ち回って策略を巡らすのも、自分に自信がないからなのです。

アサーティブコミュニケーション

これらに対して、四つめのコミュニケーションスタイルとして提案されたのが、アサーティブコミュニケーション。アサーション、アサーティブネス等の呼称もあります。

前出の三つのコミュニケーションパターンに陥ることなく、自分の思いを過不足なく、ありのまま表現するやり方です。

例えば職員室で、先生同士の意見が食い違ったり、納得のいかないことが起きたりしたとき。先の三つのパターンのいずれかで解決してしまってはいませんか。先生方は善い人が多いので、あるいは、ご自身が不利益を自ら被り、無理をなさる場合も多いのではないでしょうか。

そんなときは、アサーティブに、つまり、普通だったら言葉にしない、心の中の動きまで伝えてしまうことで、誠実なコミュニケーションを図ります。とはいっても、アサーティブコミュニケーションに、決まった型があるわけではありません。

参考までに、例えば私だったら、

「もし私が、こんなことを伝えたら、あなたが気を悪くするかもしれないと思って言いにくかったけれど、直接言わないで陰で言うほうが誠実じ

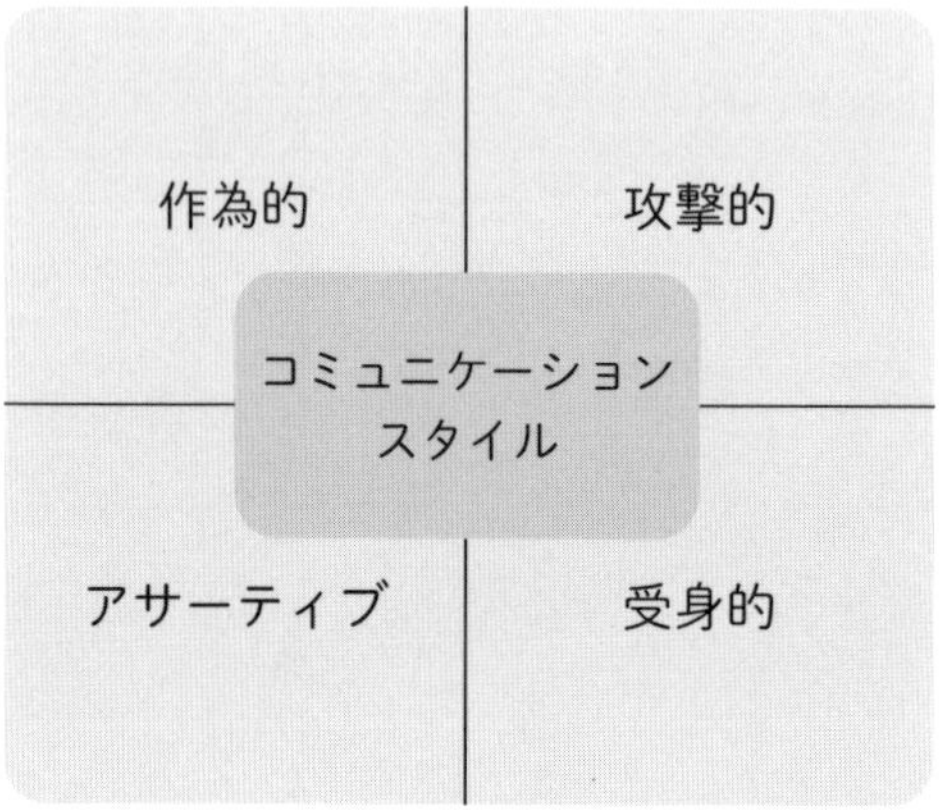

ゃないと思うから、伝えるね。私は～と思うから、できれば、～してもらえると嬉しいけど、どうですか」

とか、

「私が～したから、あなたが～と感じているかもしれないと心配になったのだけれど、ほんとうのところはどうでしたか」

というように表現すると思います。

自分がどう感じ、どうしたいのかをはっきりと自覚し、批判や期待される役割におもねることなく、自分の気持ちを、率直に具体的に伝え続ける。それが、アサーティブコミュニケーションです。

アサーティブでない自分も認める

アン・ディクソン氏は、著書の中で、「私には自分の意見と価値観を述べる権利がある」といった基本的な権利を具現化した「十一の権利」を謳っています。その中に「間違う権利」「考えを変える権利」「『わかりません』と言う権利」も含まれているのが、アサーティブコミュニケーションの素敵なところです。

イギリスでアン・ディクソン氏に学んだ森田汐生氏が「私はアサーティブでない自分を選ぶ権利がある」という一文を加えたので、これは、日本では、「十二の権利」として知られています（ネット検索すると見つかります）。

私は、この十二番目の権利こそが、〝アサーティブであること〟をよく表現していると感じます。

Column 1

新しい一歩を踏み出すために

> 私たちが世界をありのまま受け入れるということは、
> ある意味では、
> それを私たちが信じるべきものに変えたいという
> 私たちの願望を弱めることはありません。
>
> （ソール・アリンスキー）

第１章では、人々の既存イメージや陥りがちなバイアス（思いこみ）を払拭し、目の前の事実を正確に捉えることを目指しました。

目の前の厳しい現実を認める、ということは、決してネガティブなことではなく、新しい一歩を踏み出すためのスタートライン。

むしろ、今の状況を把握することで、どこをどうやって変えていけば、あるべき姿に到達できるかを、明確にするための必須の作業。
だから、この本の最初の章には、どうしてもそれが必要だったのです。

■ソール・アリンスキーとは……
オバマ、ヒラリー・クリントンなど名だたる政治家に影響を与えた、アメリカのコミュニティ・オーガナイザー。
住民組織化（コミュニティ・オーガナイズ）という社会運動の創設者で、草の根運動（グラスルーツ）の基礎をつくった。

【参考文献】ソール・アリンスキー著『Reveille for Radicals』（Vintage）

第2章

保護者を「理解」する

人って変われるのね、大人になっても…

保護者は学校を知らない。

学校は保護者を知らない。

保護者と先生、両方の経験をしてきた私は、この状況を変えることができれば、学校はもっと良くなる、と
ずっと思っています。

私が保護者だった頃に想像していた何倍も何十倍も、先生たちは子どものことを想って、心をこめて頑張っている。

先生たちが想像する範囲を超える、様々な思いや事情を抱えて、保護者は子育てに向かっている。

だけど、お互いそれを知らない。

少しはわかっているかもしれないけれど、全部ちゃんとわかっているところまでは至っていない。

わかったら、双方、絶対もっと優しくなれるのに。

この章には、私の、そんな想いが詰まっています。

01　職員室の常識・家庭の常識は違う

先生と保護者。両者のモノの見方、考え方には大きな隔たりがあります。そのすべてを網羅することはできませんが、いくつか解説していきましょう。

まずは「保護者の謎の使命感」について。

「学校で用意するように言われたものは、絶対に用意しなくては」というあの親たちの空気感を、先生方はたぶん知らないですよね……。

保護者を覆う謎の使命感

なぜか「学校に言われたことには、とにかくちゃんと応えなきゃ」という「謎の使命感」に、ほとんどの保護者は覆われています。

保護者時代、学校から「ペットボトルを持ってきて」とリクエストされました。

その頃、自然保護に熱心だった私は、なるべくプラスチック製品を買わずに過ごしていました。だから、「学校は環境問題を教える立場なのに、どうして平気でペットボトルを使うのか」と憤りつつ、仕方なく、いらないペットボトルドリンクを買って飲み干し、子どもに持たせました。

他にも、イチゴ等のプラスチックパックや牛乳パック（我が家はリターナブルびんの牛乳を購入しています）、果てはバケツ稲用のプラスチックバケツまで、家にないものを学校からリクエストされるたび、わざわざ買って用意したものです。

けれど、そんな思いをわざわざ学校には伝えません。黙って持たせるだけ。

でも、先生は家庭がそこまでしているとは、思っていないんですよね。「どこの家にでもあるだろうし、家になければこちらで用意しよう」程度の感覚だったと、教師になって知りました。

でもその感じは、家庭には一切伝わっていません。だから家庭は「謎の使命感」で学校に応えます。

今、教師として、心を痛めながらも、多忙に負けて前例を覆せず、毎春、例年通り水やり用ペットボトルの用意を、保護者にお願いしています。先生（私）のそんな心の痛みも、もちろん保護者には伝わっていないでしょうね……。

Pattern1「平日休む」ってあり？

先生方と同じように、基本的に学校は休んじゃいけないと思っている保護者もいる一方、「自分の子ども一人ぐらい休んだって構わないだろう」と軽く考えている保護者も一定数います（私もそうでした）。

遅刻や欠席に対する感覚の違い

「朝の健康観察で、いっつも一人だけいなくて困る子がいて、今日玄関まで見に行ったら、送ってきたお母さんとのんびり会話していたの！しかも、その内容が『今日は予定があるから時間通りに帰ってきてね』『わかった』みたいな感じで。それ聞いて思わず、その前に、朝、時間通りに学校に来てよって思っちゃった」

わかります。朝、全員揃っていないと、ホント、二度手間三度手間ですからね……。

ところが、保護者はそんなこと知りません。学校が毎朝丁寧な健康観察をしているなんて認識はないのです。だから、個人的な約束は時間通りにするけれど、集団なら「一人ぐらい多少遅れたって影響はないだろう」くらいに思っているのです。

混雑を避けるために、学校を休んで平日にディズニーランドに行く子がいます。ゴールデンウィーク中の平日をすべて休んだり、冬休みの何日も前から休んだりして、旅行に行く子もいますよね。

教師になって初めて、これらが職員室であまりよく思われていない行為だということを知りました。今ならもちろん、それが歓迎されない意味はわかります。毎日の授業を計画しているこちらとしては、誰かが休むと、その分計算がくるってしまいます。テストは全員出席でやりたいし、休み時間に欠席した子のフォローをしなければならなくなるし。しかも多忙ゆえに教材準備は自転車操業だから、長い休みの前に、「もう来ないので早めにプリントや通知表ください」って言われると、怒りさえ覚えます（笑）。

けれど、そういう学校の事情は、家庭からは見えないのです。

Pattern2 忘れ物は届けてもらうべき？

親は家庭の中にいる自分の子どもしか知りません。そして学校の様子が見えないので、そこに心配が募ります。

いっぽう先生は、30人くらいの子どもをいっぺんに見ています。だから、いろんな子どものケースを知っていて、どうすればうまく育つのかをなんとなく掴んでいます。

すれ違う、親の心配と先生の思い

「着せる、食べさせる、寝かせる、遊ばせる、宿題させる、学校の準備をちゃんとさせる」

私は、保護者はこれさえすれば大丈夫、と思っています。

面白いことに、毎日淡々と、私の求める役割を果たしている保護者は、学校に何かを訴えることはほとんどなく、子どもたちも落ち着いて日々を過ごしています。

いっぽう、学校によく心配ごとや要望を伝えてくる保護者ほど、日常生活のフォローが不完全で、子どもも手がかかることが多い。そういう保護者は、そこは重要視せずに、学校が、子どもの自主性、多様性をきちんと尊重しているかとか、最新の教育トレンドをおさえているかとか、そういうことばかり心配しています。

「いやいや、まずは毎日きちんと同じ時間に学校に来させるとか、持ち物のすべてに記名をして、忘れ物をしないようにさせるとか、宿題を滞りなくやらせるとか、学校が家庭に求めるベーシックをクリアしてから心配してくれ」。これが私（だけではない、おそらく先生全般）の偽らざる本音です。

ちなみに私は、かつてバリバリの後者タイプの保護者だったんですよね……。あの頃、教育に並々ならぬ関心を持つ私は、最先端の教育実践を仕入れては、地域の学校にも「こうしてほしい、ああしてほしい」と願い、それを訴える日々でした。一方、規則正しい生活には無頓着で、結果、子どもは超が付くほどの問題児。

今気づいたけど、そもそも、最新トレンド大好きマインドと規則正しい生活が苦手なタイプというのは、セットで備わる遺伝子なのかも。今だって、私は全力で本性に逆らい、周りの先生の手助けを得て、なんとか学校生活に適応している状態ですから。

親教育者が信じてきた前提	親支援者のための修正された前提（事実）
親は気にとめてない	ほとんどの親は良い親になりたがっている
私たちは親よりもよく子どもを知っている	ほとんどの親は他の誰よりも自分の子どもをよく知っている
私たちは親よりも多くの答えを持っている	グループとしての親は私たちよりも多くの解決を持っている
親は子どもがいるのだから、当然子どもの発達を理解している	ほとんどの親は子どもの発達を知らず、理解していない
私たちは教育を受けた権威だから、親は私たちの言うことを信じる	親は自分自身の経験に照らし合わせて、私たちの言うことすべてをテストするだろう
親は何よりも答えがほしい	親は情報より以前にサポートがほしい
親は率直に批判を受け入れるくらい、十分に成熟しているべきである	親は批判には苦痛を見いだし、消極的に反応しがちである

アメリカのペアレントエデュケーション（親教育）の本から
（Working with Parents/Dolores Curran）

信じてきた前提と修正された事実

右の表は、私がファミリーライフエデュケーター として仕事をしていた頃に、アメリカの親教育者向けの本の内容の一部を翻訳してまとめたものです。古い資料ですが、今の先生にも通用すると思って紹介します。

私は、親であった経験も、親教育者（親教育はファミリーライフエデュケーターの仕事の範疇です）の経験も、そして先生の経験もあるので、この表に書かれていることは身に沁みてわかります。

先生方は、学習準備が揃わなかったり、宿題を見てもらえなかったりする子の親を、子どものことをちゃんと見ていない、と断罪しがち。

そして、ちゃんと子どものことをわかっているのかな、と親を疑いがち。

さらに、教育のプロだから、その子に必要なことを親よりずっとわかっている、と考えがち。

その結果、

「〇年生なんだからそれが当たり前なのに、どうして親はわからないんだろう」

と嘆き、

「今度の面談では、お母さんにきちんと伝えて、ちゃんとしてもらおう」

と決意します。

けれど、それが落とし穴。

表に書いてあるように、先生たちがなんとなくイメージしている親像はまぼろし。

実際には、親（保護者）の心の中は、この表の右に書いてある通りなのです。

02　保護者にも多様なバリエーション

先生はつい「保護者」とひとくくりにしてしまいがちですが、実は、様々なタイプの親御さんがいます。

「保護者」はひとくくりにできない

日常的な会話の中で、先生たちが〝親〟と表現するとき、そこでイメージされているのは「普通に子どもの世話をしている親」ですよね。

けれど実際には、親は千差万別です。充分に子どもの面倒を見る余裕がある人ばかりではなく、仕事が多忙すぎて子どものことまで手が回らないとか、介護を担っていて忙しいとか、親自身がメンタルの問題を抱えているとか、ほんとうにいろいろ。

たぶん、先生たちもそのことはなんとなくわかっているのです。

けれど知らず知らずのうちに、「オヤナラ、コドモノコトヲキチントセワスルベキダ」という呪文にかかって、「親に言って、なんとかしてもらおう」とか「親の責任でやってもらおう」という発想で突き進んでしまいがちです。たいていはそれで大丈夫なのですが、中には、それが不可能な場合があります。

数は少ないながら、保護者の中には、先生に何かを要望されたら、大丈夫そうな顔を学校に向け、「わかりました」と答えながら、その実、どうしていいかわからずに困っている人、言われたことをやろうとしているのに、どうしてもうまくいかない人、そもそも、親をやる力に欠けたまま、親になってしまった人たちが必ずいます。

クラスにいろいろな子がいるのと同様、世の中にはいろいろな親がいて、ときには支援を必要としています。

そんな想定をしながら保護者に連絡するのと、そうでないのとでは、アプローチの仕方が大きく違ってきます。

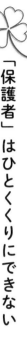

サイレントマジョリティ
実際にはサイレントマジョリティがいちばん多いです
教育熱心な親
サイレントマジョリティ
ネグレクト傾向

保護者のバリエーション

保護者は、それぞれ一人ひとり違う存在です。

そのことが大前提ではあるのですが、大きく分けると、ざっくり右記の三タイプに分けられると思います。

1　教育熱心な親

良くも悪くも、学校へのアプローチが多いタイプです。

2　サイレントマジョリティ

学校に特に何も求めないタイプ。そのため、ほとんどコミュニケーションはありません。学校としてはいちばん安心な存在です。

3　ネグレクト傾向

学校から保護者への働きかけが必要な家庭です。

このうち【教育熱心な親】【ネグレクト傾向】に属する保護者は、とても少ないです。少ないのですが、私たちの日々の営みでは、この数名の親御さんに振り回されることが多いです。そのため、直接対峙しているその人たちを一般化して「保護者はすぐクレームを言ってくる」というイメージを持ってしまいがちです。

けれど、実際には、クレームも言わず、リクエストもせず、当たり前のことを当たり前にし続けてくれる【サイレントマジョリティ】の保護者が、圧倒的に多いのです。圧倒的な人数の保護者が、何も言わずに私たちに子どもを任せてくれているということを憶えていれば、ホッとできるはずです。

私は、「先生たちは、この層の保護者にもっともっと感謝すべき！」と常々思っています。

Pattern4 さらに多様な家族のあり方

とにかく、イマドキの家族はステレオタイプには収まりきりません。思いつく限りの多様な家族の形を挙げてみましたが、ここに挙げた以外の家族形態も、もちろんあると思います。

多様化する家族のカタチ

1　専業主婦／主夫家庭

連絡も取りやすいし、持ち物管理も行き届いていることが多い、本音を言えば、学校がいちばん望む形ですよね。けれど、もはや専業主婦は、今やマジョリティではなくなりました。専業主夫は、けっこうな勢いで増えているものの、絶対数はいまだ少ないです。

2　共働き家庭／シングル家庭

共働きは、現在のスタンダード。シングル家庭も、昔に比べてとても多くなりました。経済的には差がありますが、この二つは、学校から見ると家に大人がいない、連絡が取りにくいという点は共通です。

3　マイノリティな家族スタイル（里親／ファミリーホーム／児童養護施設／ステップファミリー／親以外の家族と暮らす子／大家族／同性カップル／その他シェアハウスなど）

里親は、養子縁組里親と養育のみを請け負う養育里親があり、ファミリーホームは里親型のグループホームです。児童養護施設には、大規模型から家族に近いユニットのものまで、いくつかのスタイルがあります。ステップファミリーとは、子連れ再婚家庭のことです。祖父母や、親以外の大人と暮らしている子どももいます。二世帯同居以上の大勢で暮らしている家族もいます。同性カップルが精子提供や代理出産で親になったり、里子を迎え里親になったりすることもあります。その他、親がシェアハウスで暮らしていて、血のつながらない家族がたくさんいるケースも僅かにあります。

おそらく、ここに挙げた以外のスタイルも、世の中には存在するのではないでしょうか。

Pattern5「個別の事情」は無数にある

バリエーションのどこに属する親でも、どの形の家族であっても、特別な事情を抱えている場合があります。そのことに無自覚であることは、“危険”とさえいえるかもしれません……（もちろんここに挙げていないケースもあります）。

特別な事情がある保護者

1　鬱傾向

本人に精神疾患の自覚がないため、病院にかからないまま鬱傾向を抱えて日々を過ごしている方もいます。

2　大人の発達障害

今、大人になっている人たちの中には、発達障害を気づかれないまま成長した人も少なくありません。子ども同様、発達障害の可能性がある親には、その障害に応じた特別支援的コミュニケーションが求められます。

3　代理によるミュンヒハウゼン症候群

自覚がないまま、子どもを手のかかる存在に仕立て上げ、それをケアすることに自分の存在証明を見いだすタイプの親御さんです。このタイプかどうかを見極めることで、アプローチが変わります。

4　夫婦関係の問題がある

子どものことを学校に訴える人の中には、背後に夫婦関係の問題を抱えており、それを子どもの問題に転化している方もいます。

5　境界性パーソナリティ障害

一番注意が必要な親御さんです。非常に厳しい成育歴、発達の偏りなどが原因で、他者を信じられず、著しく極端な考え方や常識を逸した言動で周りを翻弄します。このタイプの親には、「できること」「できないこと」をしっかり示し、あいまいな返事や特別扱いは避け、必ず複数で応対し、そして、最後まで見捨てないこと。

言葉にするのは簡単ですが、これを実際にやるのは大変難しいことだと思います。

「家風」という言葉があります。ここで“文化”と表現したものは、それと同じかもしれません。子どもたちは生まれ育った家庭の生活習慣やものの考え方を、身体に沁みつかせて学校に来ます（私たちも）。

外国にルーツのある子は、日本人とはまったく違った“文化”をベースにしていることも理解しておかなければなりません。

例えば、玄関できちんと靴の向きを揃えて脱ぐかどうか、というような小さなことから、家の中が雑然としているのか、整えられているのかという全体的なことまで、それぞれの家族には多岐にわたって〝文化〟があります。

その家庭の持つ雰囲気、ものの考え方もそれぞれ違います。具体的に言うと、家族全体が温かい雰囲気なのか、殺伐とした状況なのか。人に譲って生きることを良しとするのか、自分たちがいい思いをしたいと考えるのか、他人を信じているのか、疑いがちなのか、等々。

そして、子どもたちは、その、自分の家庭の〝文化〟を背負って学校に来ています。

だから、「子どもに言ってもダメなら、親に言って、お家でちゃんとしてもらおう」と思っても、実はなかなか難しいのです。だって、そもそも、学校でのその子の行動パターンは、小さな頃から培った、その家庭の〝文化〟が基になっているのですから。

家庭の〝文化〟って？

そして、親も子も、自分の家庭と他の家庭が違う〝文化〟、つまり、習慣、雰囲気、考え方等を持っていることに、意外と気づいていません。他の家庭も自分たちと同じように考えている、と思いこんでいます。

学校での子どものトラブルは、ある意味、この、家庭の〝文化〟と〝文化〟のぶつかり合いなのです。それでも日本人同士なら、根っこの部分は同じで、その上澄みの違いだけで考えられます。ところが外国にルーツのある子の場合は、根っこから日本人と考え方が違うことがあるので、その点に注意が必要です。

〝文化〟を理解しておくことは、学校現場の様々な場面で、隠し技として大いに有効です。

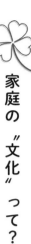

夕方6時
おなかすいたー!!
ちょっとまってね
カタカタカタ
仕事中
7時
おなか…すいた…
ぐー
ちょっとまってね
せんたくもの干すの忘れてたわ
今!?
今干すの!?
夜干しって
8時
やむなく手伝うこどもたち
おはし
おさら
フキフキ
ちょっとまってね
ダシとるわ
かつお節削りで
え!?
そこから!?
9時
いただきまーす
またごはんが9時になってしまった…
がくり
が…がんばれ…

学習支援力のリアル

小学校の場合、学校で教わったことを子どもがどこまで身につけられるかは、家庭の学習支援の力が大きく関係していると、先生なら誰もがなんとなくわかっているのではないでしょうか。そしてその力の差には、第1章で解説した遺伝的素質を前提に、前項で言及した家庭の〝文化〟の違いが関係しています。

もともとＩＱの高い子は、家庭に学習支援力があればぐんぐん伸びるし、なければそのポテンシャルだけでなんとかする。ＩＱが低い子の場合、家庭に、コツコツ学習をさせる習慣があると、学年が上がってもなんとか学習についてこられるけれど、そうでない場合、子どもは落ちこぼれてしまいます。

この現実を、保護者にわかってほしいというのが、先生方の永遠の願いという気がします。

子育て力のリアル

大学を出たからといって子育て力があるとは限らない、というのは右のマンガを見ていただくとわかるように、私自身が証明しています（笑）。

子育ての上手下手は、天性のものに加えて、育った環境の影響もあるでしょう。けれどおそらく、親の意識の高さとか努力の量とか、そういうことではありません。子育て上手な人は、息を吸うようにそれがやれてしまうし、そうでない場合は、意識して努力しても及第点をとれるかどうかというところです。

親の子育て力にはもともと違いがある。そうわかっておくと、保護者を見るまなざしが変わってきます。

不登校というと、学校の状況とか、子どもの気持ちとか、学校以外の子どもの居場所とか、そういうことばかり注目されるけど、私は、親、特に母親の気持ちを支え、そのありようを考えていくことが最重要だと、もうずっと前から思っています。

子どもが不登校になった親のキモチ

子どもが不登校になった親は、おそらく、傍目から見ているより、もっとしんどいです。

先生と会うときは気丈にふるまっていても、心の中はきっと穏やかではないでしょう。

「みんな毎朝元気に学校へ行っているのに、ウチの子だけ行けないなんて」

「私の仕事はどうしよう」

「周りの人にどう思われるだろう」……。


子どもが学校に行かない。そのたった一つの事実で、家族の日常はひっくり返ります。


そして、学校へ行けない日々が続くと、将来への不安が頭をもたげます。

「学習がどんどん遅れてしまう」

「このまま、ひきこもりになってしまうんじゃないか」

「集団生活に適応できないままで、社会に出て、やっていけるだろうか」

などなど、心配事は尽きません。

他の子はみんな学校に行っている。うちの子だけ行っていない。

ということは、私の、私たちの育て方が悪かったのか。

そう思って、自分を責めたり、今さら焦って子どもを叱ったり、保護者は、八方塞がりの状況に陥ります。

学校に原因を求める

実際には、不登校の原因は、本人にさえもはっきりとわからないことが多いと言われています。

いじめなど、明らかな原因がある場合は別として、子どもは、聞かれれば、その場その場でそれらしいことを答えますが、それが事実とは限らないそうです。

また、不登校の99％は人間関係のつまずき、そしてその裏には、家庭での育てられ方、発達障害的な特性によるコミュニケーションの下手さ等が隠れていることが多い、という指摘もあります。それは、同じシチュエーションでも不登校にならない子がいることを考えると、充分うなずけます。

しかし、世間的には、本人の問題というより、「学校の配慮のなさが、先生や友達の冷たい態度が、不登校を引き起こす」というイメージがまだまだ根強いです。保護者にとっても、子どもの言う「学校が」「先生が」「友達が」「勉強が」という理由は、ある意味で甘美なものです。なぜなら、そうであれば、本人や家庭が原因ではなくなり、保護者は「自分の子育てのせい」という苦しみから逃れられますから。

保護者・本人に要因があっても

保護者には苦しい現実ですが、前述したように、家庭環境または本人の特性に要因があることも少なくない、と私は思います。ただ、それを、子どもの不登校に打ちひしがれている保護者に突きつけるのは、あまりにもひどい仕打ち。どこかそんな遠慮があって、はっきりとそれを言えずにいます。けれど、不登校の要因がそこにあるという事実が、保護者が悪いとか本人が悪いとか、そういう結論につながること自体が間違っています。

学校だろうと家庭だろうと本人だろうと、誰が悪い、何が悪い、という発想自体がナンセンスなのです。

今、起きていることを、フラットに、冷静に眺めることこそ、次のステップにつながるはずです。

保護者を支える

どんな状況でも、何が要因でも、保護者には支えが必要です。子どもよりも、まず支えるべきは保護者です。

なぜなら、子どもに直接アプローチするよりもっと、それは子どもを支えることに直結するからです。

「ショックを受けてうなだれている保護者ならともかく、学校にこうしてほしい、ああしてほしいと要望ばかり求めてくる保護者を、どこまで支えなくてはいけないの？」

と思われる方もいるかもしれません。そもそも、保護者を支える機能は、本来、学校外に潤沢にあるべきなのに、いまだ、ほぼ学校が抱えこんでいること自体、良いことではないと思いますが……。

ただ、支えるという言葉は、要望を受け入れることとイコールではありません。

我が子の不登校という思いがけない試練に直面している保護者に寄り添うことだけでなく、世間一般のイメージの影響、あるいは子どもの言い分から「学校が悪い」と思いこんでいる保護者の心を溶かすことも、子どもの特性に合わせた言葉かけの知識を伝えることも、保護者を支える一環です。

厳しい言葉をかけることだって、長い目で見れば、いちばん大事な支えかもしれません。

障害がある子の親の気持ち

綺麗ごと抜きで障害のある子の親のキモチを想像したら、目を伏せ、ため息をつかずにはいられません。

過去数十年を経て、障害に対する理解が進んできたとはいえ、まだまだ、世の中は厳しいです。

知的障害のある子の親のキモチ

このままではとても同学年の授業にはついていけないだろう、という子どもがいたとき、先生方はよく言います。

「知的障害者学級に転籍したほうがこの子のため。だけどそれを保護者にどうやってわかってもらおうか」

その子にふさわしい学習環境を用意する。それはとても単純なことで、むしろ望ましいことであるはずなのに、それを保護者に伝えることに慎重になるのは、経験的に、それを聞いた保護者が大きなショックを受ける姿が想像できるからです。

自分の子に知的障害があったら、誰だってショックを受けるのが当たり前でしょう？

……ほんとうにそうでしょうか。

どんな子であろうと、生きてそこにいるだけで喜べるなら、そんな気持ちにはならないはずです。

勉強ができないと悲しい気持ちになり、優秀な成績だと誇らしく感じるのは、人間の優劣を知的能力で評価する現代人の感覚のせい。保護者が暗澹たる気持ちに包まれるのは、知的障害は劣った存在という世間一般のイメージを取りこんでしまっていて、知的障害に対する偏見や差別を自分の中に持っているからです。

……なんて説明しても、保護者の重苦しい感情は変わりません。

だって、現実的に、世の中には障害に対する偏見と差別が大きく横たわっているのですから。

発達障害のある子の保護者のキモチ

毎日、他害や逸脱があるタイプの発達障害のある子の対応をしながら授業を進めるのに、大変な苦労をしている先生は少なくないと思います。

そういう子は、普段の授業や練習にほとんど参加していなくても、授業参観や運動会、学芸会などの本番では、意外とちゃんとやれてしまう。そして保護者はその当日の様子しか見ないから、普段の練習の逸脱ぶりはまったく想像できません。

同じクラスの子どもたちが、授業を妨げられたり、心身を傷つけられたり、ということが続き、やむなく保護者に連絡するとき、先生はたいてい、オブラートに何重にも包んで、柔らかく、優しくその様子を保護者に説明します。だから保護者は、我が子の実態を正しく理解することはできません。発達障害の子本人の主観では、相手に原因があるので、保護者がその件について聞いても、子どもは相手の非を訴えます。その自分の子どもの説明を鵜呑みにした保護者は、「うちの子だけが悪いんじゃない」と思ってしまいます。

また、「学校でこんなに手がかかるのだから家でも困っているのでは」と先生は思うかもしれませんが、学校と違って、家ではマンツーマン。それに、比較対象になる他の子もいませんから、集団で一斉に同じことをするという学校のシチュエーションで著しく違う行動をしていることは、保護者にはわかりません。

これらの理由から、おそらく保護者は、我が子の不適切な行動を、学校での現実の1割程度のイメージで考えています。そして、多少問題があっても、いつか他の子のように社会性を身につけられるという、一縷の望みを持っています。

特別支援の捉え方は多様

最初から自分の子の障害を理解している保護者。すぐに状況を把握する保護者。いくら伝えても、自分の子の状況をなかなか理解しない保護者。特別支援＝障害のレッテル＝劣った子と認定されたと捉え、学校に対して反感を持つ保護者。我が子の障害を告知されたときの保護者の反応は様々です。

いずれのケースであっても、「これからどういう教育を受けさせるか」という決定を迫られるという段階にあることは同じです。

この段階で、保護者はおおむね二つのタイプに分かれます。「そうと決まったら、なるべく多くの特別支援を受けさせて、自分の子どもの利益を最大限にしたい」と考える方と、「特別支援を受けることなく、あくまで通常の学級の一員として教育を受けさせたい」と考える方の二つのタイプです。

現行の制度では、通常の学級にいながら十分な特別支援を得ることはできません（少しの支援は可能ですが）。保護者は、通常の学級と特別支援級／特別支援学校のどちらを選ぶかを、決めなければならないのです。

このとき、支援の選択肢を前にどうしていいかわからず、先生に判断を委ねようとする保護者は多いです。けれど、最終決断は、必ず保護者と本人に任せてください。担任はたかだか一～二年のお付き合い。その子の人生の責任はとれません。けれど保護者はその先もずっと、その子の成長の責任を背負い続けるわけですし、本人は、一生その障害と付き合い続けるのですから、自分たちで決めるしかないのです。

そのために、先生としては、それぞれの選択肢の詳細や、メリットとデメリット等を詳しく説明する力量を磨き、保護者・本人が考え尽くして決定するまで、辛抱強く待つ胆力が必要になります。

保護者から見えている世界とは

私は、かつてPTA副会長まで務めたほど、がっつりの保護者経験があります。そして先生になってからも長い時間が経ち、ずいぶん経験を積みました。

だから、わかるんです。声を大にして言いたい。保護者と先生から見えている学校の景色は、もう、ぜんっぜん違います！

参観日／保護者会

授業参観日の様子が、学校の日常の姿と同じではないということ、先生になって初めて知りました。

参観日や保護者会の前日。

いつもは雑然と散らかった教室を綺麗にする。普段の授業では使わないような教材を、夜遅くまで準備する。

そんな先生たちの当たり前を、私はまったく知りませんでした。

参観日や保護者会の当日。

先生たちは、たとえ職員室で保護者の愚痴をこぼしていたとしても、教室では素敵な笑顔を振りまきます。

子どもたちだって、参観日にはよそいき顔ですまして、授業中のおしゃべりもしないし、5分休みに教室を走り回ることもしない。

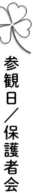

保護者は、これが学校の普段の様子と信じこみます。そして、授業参観／保護者会に欠かさず参加していることで、学校の様子を十分把握したと思っています。保護者時代の私も、周りの保護者もそうでした。
だから、普段どんなに面白い授業をしていたとしても、参観授業で失敗してしまったら、授業がよくないとレッテルを貼られてしまう。普段散らかった教室でも、当日綺麗なら、毎日教室を綺麗にしている先生だと思われます。
先生になった当初は、「私が保護者だったら普段通りの姿が見たい！」と意地になって特別な準備をしませんでした。すると、どうしても私の教室だけ見劣りする。10年以上経った今では、しっかり前日準備をする先生の一人になりました（笑）。

子どもからの情報

親にとって、子どもからの情報はそのまま真実になります。だってそれ以外に情報源がないのですから、疑いようがありません。

ところが、その子どもの主観的見解が、必ずしも客観的事実と同じではないので、何かとややこしいことになります。自分が叱られたくなくて、ほんの少し事実とずらして、あるいは事実の一部を隠して伝えることは、子どもならよくある話なのですが、親は、意外とそういう子どもの習性に鈍感です。

百戦錬磨のこちらとしては、「保護者が子どもの言うことを鵜呑みにするから……」と愚痴りたくもなります。しかし親は、まさか子どもが嘘を言うわけがないと思っているし、子どものほうも、明確に嘘をついているつもりはないので、難しいところです。

とにかく、その結果、保護者が把握している〝真実〟と先生が知っている真実は、違ってきてしまうのです。

保護者仲間からの情報

今のようにSNSが日常になる以前から、保護者同士の情報交換は行われていました。

それは正しいこともありますが、正しくないことのほうが多いです。

にもかかわらず、それが訂正される可能性より、正しい情報と誤解されたまま流布される可能性のほうがずっと高いのが厄介なところ。そしていつの間にかそれが保護者の間で〝真実〟として残ってしまうこともあります。

しかも、先生たちが何も知らないまま。

自分の原体験

学校は、誰もが通ってきたところ。

人は知っていることを頼りにモノを考えるので、保護者も、自分が経験した学校の記憶を基に、今現在、自分の子どもが通っている学校の様子を想像してしまいます。

たとえば、いじめが横行している学校にいた経験があれば、自分の子どもがいじめられてはいないかと心配になってしまうし、横暴な先生が嫌だった記憶があれば、自分の子どもが先生に苦しめられていないか、疑心暗鬼になります。

逆に、学校に楽しい思い出しかなければ、子どもも楽しんでいるに違いないとポジティブに学校を捉えるだろうし、つつがなく学校生活を送ってきていたなら、フラットな感覚で学校を見ているかもしれません。

今、目の前の学校がどういう状態であれ、そんなふうに、保護者は自分の中の学校イメージ、先生イメージを投影して見てしまうものなのです。

Column 2

「大人のための学校」が必要？

問題の子どもというのは決してない。あるのは問題の親ばかりだ。
しかし私にもようやく見えてきた。子どもと同じように、親にも思いやりと理解が必要だ。非難したり軽蔑したりしてはいけない。
今日の教育において、緊急に必要なのは、問題の親のための学校をつくることに他ならない。　（A.S. ニイル）

これは1932年刊の書籍に記された言葉です。ニイルは、この本の中で、子ども同様、問題の親にも支援が必要と気づき、自分は子どもで手いっぱいで親教育までは手を伸ばせないが、これは、誰かがやらねばならない仕事だと指摘しました。

けれど、100年たった今でも、問題の親のための学校はありません。せいぜい親教育の民間独自メソッドがいくつか存在するくらい。

大人たちはみな、子どもの教育は大好きで、新しい思想を掲げた子どものための学校なら、世界中にたくさん設立され続けているのですが……。

■ A.S. ニイルとは……

20世紀初頭に活躍した、スコットランドの教育家。

当時の封建的な教育に異を唱え、自由学校サマーヒルを設立し、フリースクールの祖と言われる。

【参考文献】A.S. ニイル著／堀真一郎訳『問題の親』（新訳ニイル選集②）（黎明書房）

第3章

保護者「対応」をやめる

信頼しあう友だち同士みたいに
語り合えたら 素敵だね

いよいよこの本の真骨頂。

〝保護者「対応」をやめる〟というテーマに突入です。

「対応」という言葉に、「うまく対処する」という意味を感じ取ってしまうのは私だけでしょうか。
もし私が保護者だったら、先生に、学校に「うまく対処され」たら、ものすごくさびしいです。

私は、正直で温かい人間関係がほしいのです。
だから保護者「対応」をやめたいのです。

傷ついてもいいから、裸の心で触れあいたい。
むしろそれでしか、良好な人間関係は築けないはず。
でも、それってどうやればいいのか？

……っていうことを、この章では考えていきます。

最後に、この本の主張のベースになっている、家族支援学についても、ちょこっと解説します。

立ち位置を変え、目的を共有する

向かいあう関係から、隣りあう関係へ。

シンプルに、保護者と先生は、「子どもの善い育ち」という同じ星を目指す仲間のはず。それがいつの間にか、対峙する関係になってしまっていました。

立ち位置を変えて、隣りあったほうが、同じ星を見やすいです。

向かいあう関係から、隣りあう関係へ

保護者を、「一緒に子育てする仲間」だと思っている先生は、おそらくほとんどいないでしょう。

いっぽうで保護者も、基本的に学校（先生）は「ものわかりが悪い、融通がきかない」と思っています。

そして、お互いをわかりあう機会も時間もないまま、まるで大河の対岸にいて、お互い、遠くに見える相手の様子を疑心暗鬼で探っている、そんな感じがします。

でも、よく考えたら、それってナンセンスな話です。保護者も先生も、双方「子どもの善い育ち」という同じ目的に向かっているのだから、信頼しあって協力しあって、一緒に育てたほうがいいに決まっています。

向かいあう関係ではなくて、隣りあう関係でいるほうが、本来の自然な姿なのです。

安心の中で過ごそう

自分にも子どもにも自信満々、という保護者はほとんどいません。むしろ、自分は、自分の子は学校でちゃんとやれているかと、いつもドキドキしています。先生のほうも、いつも心のどこかで、しっかりやらなきゃ、保護者に何か言われてしまうかもとビクビクしています。

けれど、両方の究極の願いは同じ、「子どもの幸せ」。

歩み寄り、隣りあって、お互いに安心して過ごしませんか。

丁寧すぎるほど解説する

第２章で解説したように、先生の当たり前が親の当たり前とは限らないし、子ども特有の行動パターンやその年齢の発達段階について、保護者は意外と知りません。だから、丁寧すぎるほど丁寧にそれを解説することは、様々な問題の未然予防につながります。

言わなければ、わからない

例えば、筆箱の中身をシンプルなものにするとか、遅刻をするときには教室まで送り届けなければいけないとか、学校の当たり前の常識を、まったく気に留めていない保護者もいます。先生にとっては言うまでもないことでも、学校の習慣を事細かに知らない保護者にとっては、それが意味を持つことを知りません。

まず、一つひとつの事柄について、お互いの認識を丁寧に擦りあわせる。学校が規定する意図、理由を丁寧に説明する。そこを怠ると、いつまでもうっすらとした「わかってもらえない」感が拭えません。

保護者に子どもの普通を伝える

子どもは、親に見せる顔と学校での顔が全然違う、子どもの話は主観的で不確かである、子どもは思いこみでモノを言う、叱られないためには嘘もつき通すなど、先生にとっては当たり前の事実を、年度初めに共有しておきます。

それは子どもに悪気があるわけではなく、一般的な子どもの普通の姿、という情報とともに。

こうしておくと、個別の問題が起きたとき、学校と家庭での子どもの姿が違う、子どもの情報は不確か、子どもは叱られないためには嘘もいとわない、そしてそれは、子どもにとっては悪気がないことなど、前提を共有したところからスタートできるので、解決に向かうためのハードルが大幅に低くなります。

まっすぐ伝える

先生方は、保護者への電話での表現が、遠回しで柔らかすぎます。

全然こちらが悪くないときでも、電話口でいつも「すみません、すみません」って謝っている。

これまでの経験値で、それが一番無難なやり方だとわかっているからそうなるのでしょうけれど、あれでは保護者にほんとうのことは伝わりません……。

伝え方がソフトすぎる

職員室のどこかから、「あのお母さん、自分の子が学校でどうしているか、わかってないんだよね」なんて嘆きが聞こえてくると、私は心密かに思います。「そんなの、わかるわけないよ！」と。

だって、先生方は上品で優しい人ばかりだから、保護者に学校で起きた困りごとを伝えるとき、この上なく柔らかい表現で伝えているから。

「××くん、いつも頑張っているんですけどね、今日ちょっと○○しちゃったんですよねー。本人もね、そんなことするつもりじゃなかったと思うんですけどねー」と。

「仕事があるので、個人面談は19時からにしてもらえますか」と気軽にお願いしてくる保護者の方は、先生方が無償のボランティアで夜まで働き続けているとは想像もしていません。

だって、先生はいつも「わかりました。大丈夫ですよ」と笑顔で答えてくれるから。

先生方は、保護者の不備で書類が揃わなかったときにも、「お忙しいところすみません」と謝りながら連絡します。電話を切ってすぐ、「まったく……」とため息をついていたとしても。

私がもし保護者だったら、いい顔してもらった裏で、不満を言われていたら、悲しいです。

心と裏腹の言葉や笑顔では、表面上の信頼関係しか築けない。後になって嘆くくらいなら、必要以上に柔らかくしないで、必要以上に謝らないで、まっすぐ伝えてもいいんじゃないかな、と思います。

上からでも下からでもなく、事実を淡々と、アサーティブ（P28−31参照）に。

04 わかってもらう

この本の第２章も含め、保護者と先生の関係づくりを指南する本やサイト、あるいは講座などで、いつでも「先生は保護者のことをわかってあげよう」とばかり言われがちです。

でも、先生だって、保護者にわかってもらったほうがいいと思います。

先生、もっと言っていいと思うよ！

私が友人に、

「多くの先生が、休憩なしのぶっ通しで10時間以上働いて、しかも残業手当がないから、毎日数時間ただ働きをしている」

と公立小の実態を伝えたときのこと。

「そういうこと、私たち保護者は知らないもん。先生たち、普段からそういうこと教えてくれたらいいのに。そしたら私たちだって、考えが変わってくるよ！」

友人たちはそう力強く主張しました。保護者は、思ったよりもずーっと、先生の実態をわかっていません。

保護者だった頃の自分のことを思い出しても、先生と心からの信頼関係を築きたいと強く願ういっぽうで、いつも、学校や先生に「もっとこうしてくれたら」「こうだったらいいのに」という不満も抱えていました。

けれどそれは、先生方が自分の献身的な仕事ぶりを保護者にアピールせず、すべてを呑みこんで頑張っていること、先生自身だって余裕さえあれば「もっとこうしたい」と望みつつ、仕方なく現状に甘んじていることを、まったく知らなかったから。

もしも、多くの先生方の、リアルな日常とたゆまぬ奮闘努力を知ったなら、保護者は、ただただ頭を垂れて、ひたすら、感謝するしかないはずです。

保護者とほんとうの信頼関係を築くためには、保護者のことをわかるだけではなく、先生の思いをわかってもらうことも大事なことだと思うのです。

05 保護者「対応」をやめる

保護者「対応」をやめる。

この提案は、単に言葉遣いを変えることを意味しているのではないんです。

先生と保護者の関係づくりにおいて、大きなパラダイムシフトを求めているのです。

あえて理想へと突っ走る

学校現場で普通に使われている、保護者「対応」という言葉。

保護者から先生になった頃、私はこの言葉がとても嫌いでした。

職員室で初めてこの言葉を耳にしたとき、学校にモノ申すタイプの保護者だった私は、「ああ、私は『対応』されていたのか」と気づき、とても切なくなったからです。

おそらく、いや間違いなく、私は、息子たちの先生に、「学校に何か要望する前に、自分の子をしっかり見てほしいよね」と噂されていたでしょう。

時を経て。

すっかりベテラン先生になった私は、保護者から何か言われた際に、誠実に応えたくても、保護者に伝えられないことや、伝えたとしても正論では立ちゆかないことなどがあって、学校としては保護者「対応」せざるを得ない現状を、今では十分理解しています。

でも。

担任の先生と素顔で思いを通じあわせたかった、保護者だった頃の私は今でも心の中にいて。そしてそれは、多くの保護者の思いであることは間違いなくて。

だから私は、先生たちが、保護者「対応」を捨て、保護者と裸の心で向きあって、人間的な関係をつくっていく理想を、捨てられずにいるのです。

06 家族「支援」の考え方を知る

「家族支援学」とは、1990年代に北米で成立した保育、教育、心理、家族等を横断する、学際的な研究です。

これは、まだ日本では広まっていない、家族のウェルビーイングを目指す「家族支援」の理論的枠組みです。

子ども／家族の現状をなんとかしたいと立ち上がった家族支援の実践者たちが、活動を重ねるうちに、理論の必要性を痛感し、学者と協同して創り上げた、草の根の学問でもあります。

子育て支援を志していた私は、「家族支援学」の存在を知り、なんとしてもこれを学びたいと思ったのですが、日本には、系統立てて学べるシステムがありません（当時も今も）。

そこで、日本から無理やりカナダの大学の通信教育課程に入学させてもらい、この理論をマスターして、家族支援の１ジャンルである予防教育的家族支援の資格（ファミリーライフエデュケーター）を得ました。

教員になる前は、この資格を使って、「家族支援学」を日本に広めたり、その考えを使って親支援をしたりする仕事をしていました。教員になってからは、ボランティアでその活動を続けています。

というわけで、この本の根底に一貫してあるのは、そのとき学び、実践してきた「家族支援学」のスピリット。

そこでここでは、その「家族支援学」について、ちょこっと解説します。

カナダ・ライアソン大学（現トロント州立大学）発行
家族支援職資格ファミリーライフエデュケーター専攻課程修了証

25歳で「女子高生コンクリート詰め殺人事件」の報道に衝撃を受け、犯罪予防には誰もが幸せに育つこと、と家族支援を志してはやン十年…。

カナダの大学の通信教育を始めたのは36歳のときでした。

「家族支援学」のキーワードで、〝ちょこっと〟解説

もちろん、「家族支援学」の全容を網羅することは到底できません。だから〝ちょこっと〟解説です。ここでは、保護者との関係づくりに有効そうなキーワードを挙げ、それらに簡単な解説を添えて紹介することにしました。

これだけでも、考え方のよりどころとして、福祉関係者や心理職と連携する際の認識として、きっと思いのほか役立ちます。

もっと詳しく知りたい方は、ウエブサイト「家族支援と子育て支援」(https://flejapan.com/)をご覧ください。

※【　】内がキーワード、それに付随する文章がキーワード解説です。

【子どもと家族】

「家族支援学」では、子どもを個として見るのではなく、子どもと家族を切っても切れない関係と考えます。

子どもと家族は一心同体なのだから、子どもを支援したければ、家族丸ごとを支援するしかない、と考えるのです。

先生方は、子どもを想うあまり、つい、親に「こうしてほしい」「こうあってほしい」と要望を持ってしまいがちです（私もそうです）。けれど、家族支

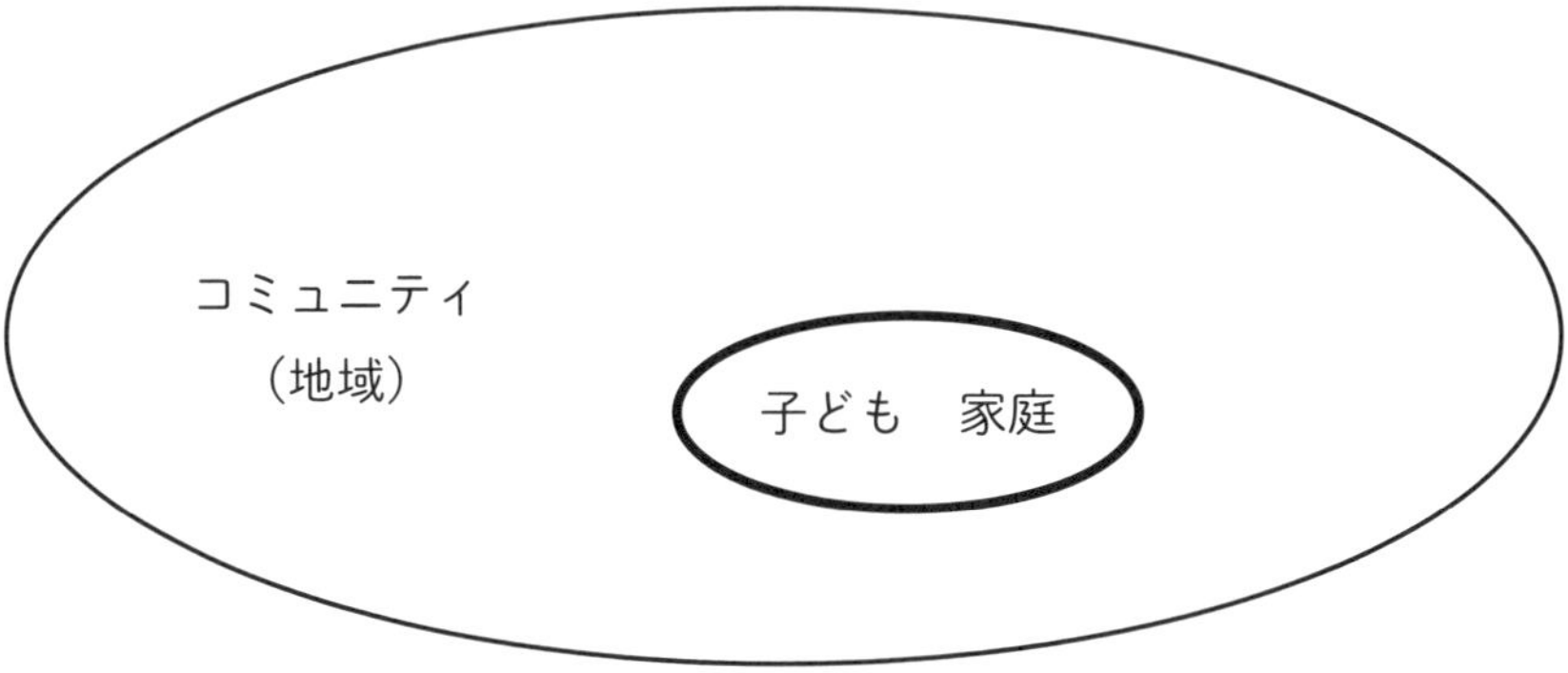

援では、「親は必ず良い親になりたがっている」と信じ、それを阻んでいるバリアを取り除く作業をします。

【支援はオーダーメード】

家族の状況は一人ひとり違う。だから支援はオーダーメード以外あり得ないと考えます。

【家族と地域の包括的支援】

「家族支援学」では、地域コミュニティと家族も、子どもと家族同様、切っても切れない関係にあると考えます。地域コミュニティ全体が子育て力を持つことこそ、家族を支える大きな力になるという強い信念があり、それを端的に表したアフリカの諺「子ども一人育てるには村中の力が必要」が、家族支援の合言葉になっているほどです。

【市民指向】

家族支援には予算があまりつきません。だから、少ない予算で効果的にできることをいつも考えます。そこから導き出されたのがこれ。

カウンセラーなど、専門家はお金がかかるし意外と効果が薄いので、それよりボランティアで関わる市民のほうが、費用対効果が高い、という考え方です。

【予防的アプローチ】

右記同様。治療的アプローチは莫大なお金で少しの人にしか関われません。だから、少ない予算で多くの人々に予防的なアプローチをするほうが効果的と考えます。

【成人教育】

家族支援は大人にアプローチするので、成人教育の手法を使います。

経験と照らしあわせて、複数の人と話しあいながら学んでいく「体験学習サイクル」を用いた方法が、効果的な成人教育の手法と私は学びました。

【親を運転席につける（親への信頼）】

あくまでも、親自身が自信を持って子育てできると信じ抜いて、それを実現するために、阻害する要因を取り除き、新しい知識を提供するのが家族支援のアプローチです。

※治療が必要な場合は、この限りではありません。

【完璧な親なんていない】

このキーワードに、心から助けられる日本の親は多いです。それは日本社会が親に「完璧な親であるように」という無言の圧力をかけているからだと思います。

【下から支える】

親教育というと、上から子育ての方法を指南するイメージがありますが、実は、親教育も含め、家族支援はすべて、その人の経験をベースに、下から支えるように提供されるものです。

【届くところの平等】

人によって、必要な支援の量は違うという考え方です。画一的に同じ支援を提供すること（出すところの平等）を平等と考えません。支援の量ではなく、それぞれの家族のウエルビーイングが同じレベルで実現すること（届くところの平等）を平等と捉えます。

【生態学的システム理論】

家族支援学の大事なバックグラウンド理論である、ブロンフェンブレンナーの生態学的システム理論についても、簡単にご紹介します。

これは、中心の○を子どもとして、その周囲には、家族などのマイクロシステム、学校などのメゾシステム、地域などのエクソシステム、国や文化などのマクロシステム、そして時間の経過による環境の変化をさすクロノシステムの5つのシステムがあり、子どもの発達において、これらとの相互作用は避けられない、という考えです。

私流に噛み砕くと、たとえば「今の子はゲームばかりする」というけれど、昔、子どもが野山で木登りをしていた頃、ゲーム機器があれば、やっぱり彼等もゲームをしただろうし、逆に、怪我を今ほど心配されず、手の届くところに何をしても怒られない自然があれば、今の子だって木登りに夢中になるかもしれない、というような

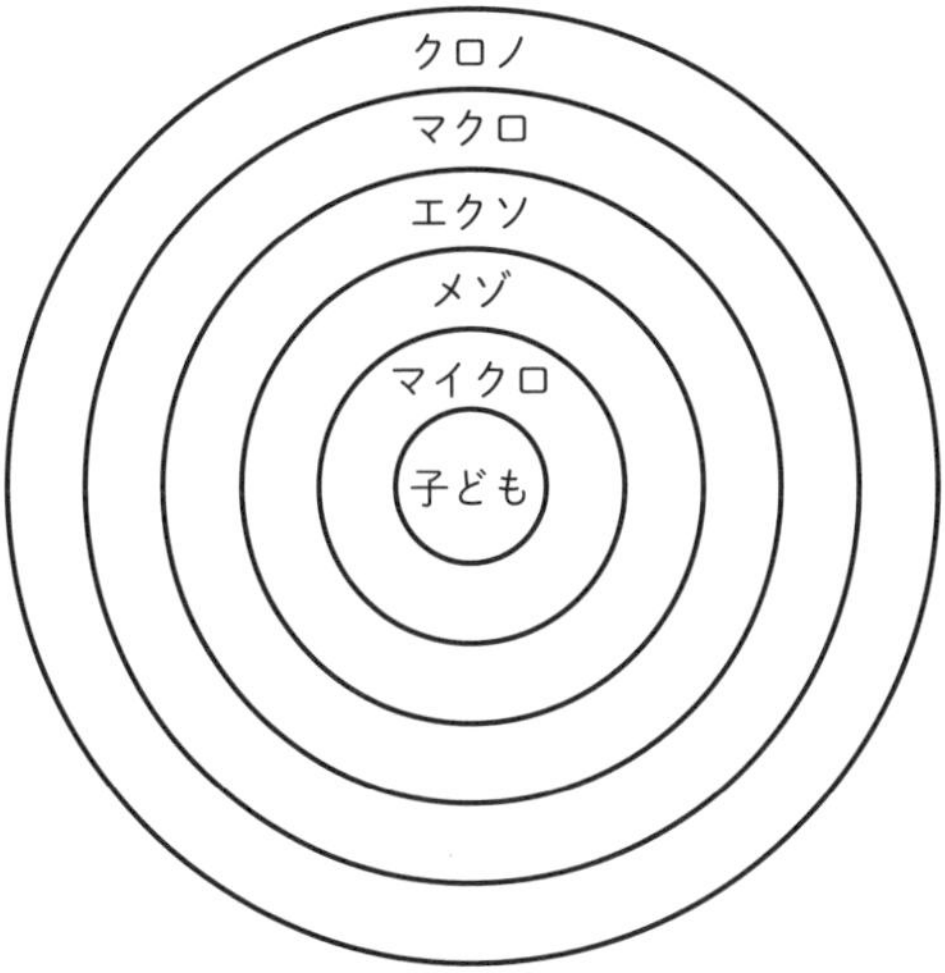

ことでしょうか（複雑な理論をこんなに簡素化したり例えたりしたら怒られそうですが）。

【強みに注目する（ストレングスベースドアプローチ）】

欠点を見つけそれを指摘するのではなく、強みを見つけてそれを伸ばすのが家族支援です。なぜなら、そのほうが効果的だからです。反対に欠点を直そうとすることを、デフィシッドベースドアプローチと言います。

私はもう一歩先に進んで、弱みを弱みとして大切にしたり、弱みを強みに読み替えたりするという方法もあると思っています。

【パワー】

パワーとは、その人が人間的・社会的に持つ力のことです。

例えば、一般的に女性より男性のほうが、あるいは、マイノリティに属する人よりマジョリティに属する人のほうがパワーを持つと考えられています。そして、家族支援においては、パワーオーバー、つまり支援する側とされる側のどちらかが力を持ちすぎているとうまくいかず、パワーウイズ、つまりお互いの力がちょうどよくかけあわせられると良い結果が得られると考えられています。

さらに、このパワーウイズが起きる前提として必ず求められるのが、対等で親しい関係です。

【対等で親しい関係】

支援は、カウンセラーとクライアント、あるいは教師と親のように、暗黙の上下関係があるところには生まれにくい。まず、「対等で親しい関係」を築くところから支援は始まる、という考え方です。

【エンパワー（エンパワーメント）】

エンパワーとは、力を与えることです。

私は、人が誰かにエンパワーすることはできず、エンパワーできるのは、その人自身だけと学びました。

そして、家族支援がやることは、その人のエンパワーを阻害している要因を取り除くことです。そうすれば人は勝手にエンパワーしていきます。つまり、なんでもかんでもやってあげるのが支援ではなくて、その人が自分の力を使って、主体的に動くのを実現するのが支援なのだ、ということです。

【変化理論】

人間の変化はたいへんゆっくりと行きつ戻りつしながら起きるものです。一度の支援で変化が起きると考えず、もしかしたら、自分のしたことはいつか起きる変化の礎の一つとなるかもしれない、程度のゆったりとした態度で支援にあたります。

【レジリエンシー】

日本語で言うと、再生力。へこまされたボールが、形を戻す、あるいは下に引き伸ばされたバネが、引っ張られる力を取り除かれたときに上に跳ね上がるイメージです。家族支援では、人は誰でも、豊かにこの力を持つと考えます。

そしてその人間のレジリエンシーへのゆるぎない信頼が、家族支援の考えの根幹です。

Column 3

正直に、率直に話します

正直で、率直でいることは、君を傷つけやすくするだろう。
それでもとにかく、正直で、率直なままでいるんだ。

（ケント・M・キース）

裸の心をさらけ出すのは怖いことです。

できれば、か弱い心はそっと隠して、殻をかぶって生きていきたい。そうすれば、外から言葉の刃が襲ってきても、殻が受け止めてくれて、柔らかい心に傷を負うことはないのだから。

ずっとそう思って生きてきたのに。

「傷つくことを恐れないで、正直で率直になれ、裸の心を見せろ」
と呼びかけるこの言葉に、これほど惹かれるのは、そしてそれを目指したいと思うのはなぜなのでしょう……。

■ケント・M・キースとは……

アメリカの行政官僚、講演家。ハワイ州の要職、閣僚を歴任し、私立大学の学長、YMCAのリーダーなども務める。

上記の言葉は、彼の「逆説の十カ条」の一節。「逆説の十カ条」は、マザー・テレサの言葉として世界中に広まったが、実は、彼が19歳のときに創案し、それに感動したマザー・テレサが書き留めていたもの。

【参考文献】ケント・M・キース著『Anyway：The Paradoxical Commandments』（PUTNAM）

第4章

保護者の心にすっと届くあんしんフレーズ

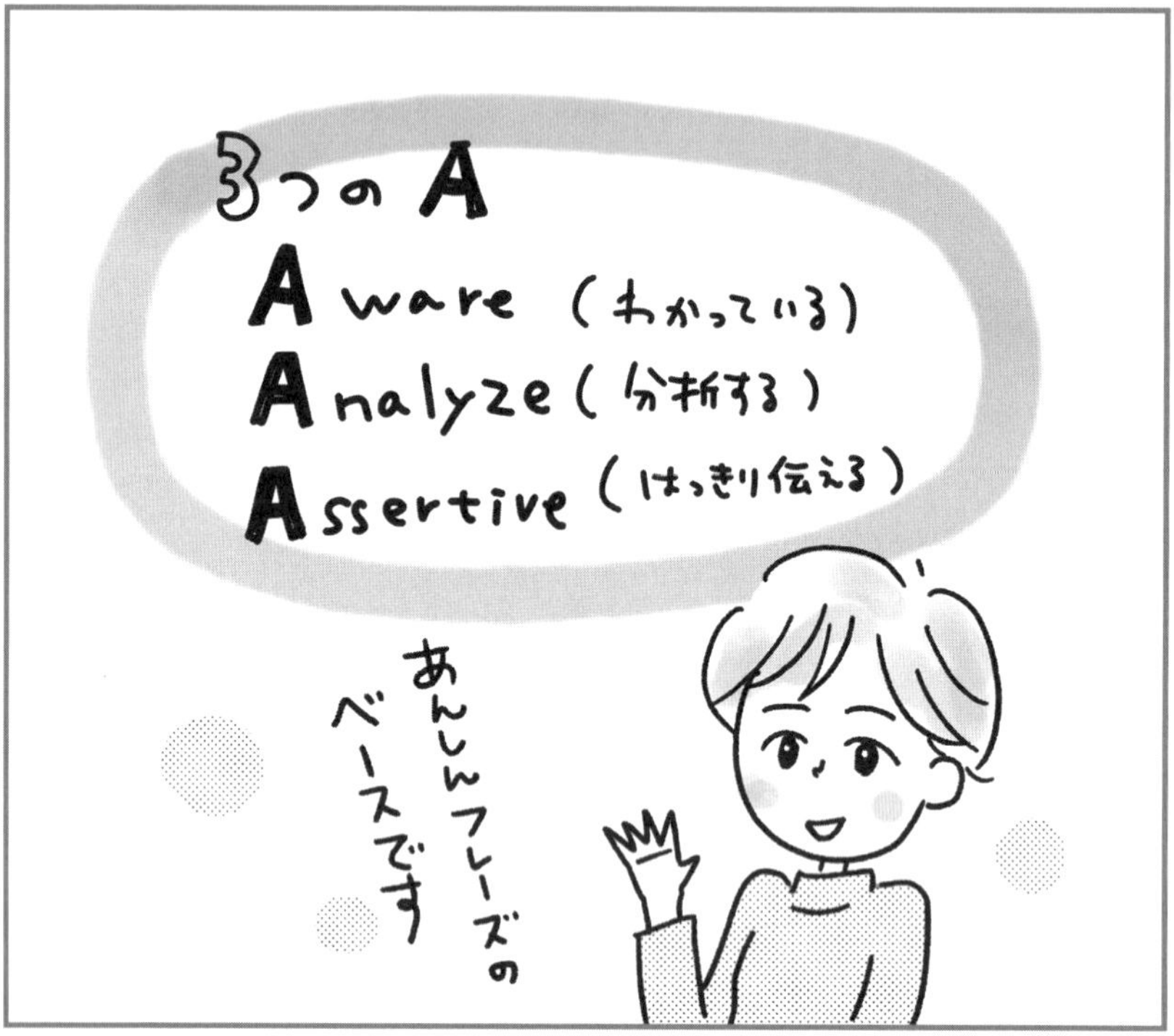
3つのA
Aware（わかっている）
Analyze（分析する）
Assertive（はっきり伝える）
あんしんフレーズのベースです

これからこの章で紹介するのは、保護者と関わるとき、いつも私の口から自然と出てしまう言葉たちです。

私は、「先生だから、保護者にアドバイスしなくちゃ」っていうのも違うと思うし、「保護者の言い分を、なんでも受け止めなくちゃ」っていうのも違うと思っています。

自分がどんな話をするかなんて、そんなのは、ライブでそのときにならなくちゃわからない。

でも、毎回相手に誠実に向きあっていたら、不思議と同じような言葉が何度も出てきて、いつのまにか、私の定番フレーズになっていました。

ここでは、そんな言葉たちを集め、解説を加えました。

だいじょうぶ　は万能

保護者が不安そうな目でこちらを見つめているときだけじゃなく。

自分がうっかりして、子どもに心配されたときでも。

子どもが転んで、ひざを痛がっているときでも。

もう、ほんとにどんなときでも。

とりあえず、

「だいじょうぶ」


って言えばなんとかなる。

そのくらい、この言葉は万能。

実際にはあんまりだいじょうぶじゃないシチュエーションでも、とりあえず、その場はちょっとホッとできる。わずかな時間だけでも安心できる。

そんな不思議な力がこの言葉にはあります。

だいじょうぶ　じゃなくても　だいじょうぶ

先生に、

「だいじょうぶですよ」

と言われると、保護者の方は心からホッとした顔をします。

私自身が保護者だったから、痛いほどわかるのだけれど、保護者は、はっきり口には出さないまでも、「うちの子だいじょうぶかなあ」って、絶えず気にしているのです。

だからまず、いちばん最初に「だいじょうぶですよ」と安心を伝えたい。

実際には、その子の学校生活がだいじょうぶじゃないときだってありますよね。そういうときは「これこれしかじか、だいじょうぶじゃなくて」と伝えたくなるかもしれません。

でも、そんなときでも、たいてい私は「だいじょうぶ」から始めるのです。

だって、だいじょうぶじゃないと思っていることは、今、学校の中で起きているだけのこと。

これから先、長い人生を送る中で、もっともっと大変なことに出会うかもしれないのです。だからそれに比べれば、今の悩みなんて「だいじょうぶ」。

仮に、「今が人生いちばんの危機かもしれない」としても……。

やっぱり私は、自分自身にも言い聞かせるように、「だいじょうぶ」って言うでしょう。

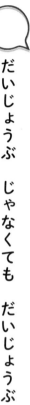

今の状態を肯定する

保護者の方から

「……なんですけどいいですか？」とか、「……しちゃったけどだいじょうぶですか？」というような質問が来たとき、私は、

「はい、それでいいですよ」

と答えることが多いです。

そういう質問の後ろ側には、できれば今の状態を認めてほしい、という隠れた思いがあると思うので、その希望を満たすためにこう答えるのです。

学校の〝常識〟からは多少逸脱していることであっても、自分の裁量で、大勢に影響がないと判断したときは、いつでもこう答えちゃいます。

答えた後で、あれ、ホントにそれでよかったかなと不安になって、

「ちょっと待って。それでいいと思うんですけど、念のため確認しますね」

と慌てて付け足すこともありますが。

「だいじょうぶ」と答えたとき同様、「それでいいですよ」というお返事に対しても、保護者の方はホッと安

堵の表情を浮かべます。

第2章で説明したように、保護者には「学校の言う通りにしなければ」という謎の使命感を持っている方がとても多いので、この答えが、安心をもたらします。

なるべく相手の思いのままに

職員室でも、この言葉はよく使います。保護者の方だけでなく同僚に対しても、なるべく相手の思いを通してあげたいな、という気持ちが私の中にありますから。

それは私が相手を思いやる良い人だからではなくて、むしろ、自分自身が思い通りに行動したいわがままな人だから、人も思い通りにやりたいだろうと考えちゃうだけなのですが。

「それでいいですよ」は子どもにも

この言葉は、「先生、～してもいいですか?」と聞いてくる子どもに対しても多用しています。

子どももやっぱり、この言葉を受け取ると、ニコーっと笑ってさっそく課題に取り組みます。

子どもの場合は特に、〝先生〟が〝肯定する〟っていうことが、こちらが思っているよりもずっと、大きな意味を持つように感じます。

ネグレクト気味の保護者に

持ち物が揃わないとか、宿題を出さないとか、子どもの世話を怠りがちな保護者には、

「一緒にやりましょう」

と伝えます。

「持ち物を持たせてください」とか「宿題を見てください」という言い方をするより、こちらのほうが、前向きに受け止めてもらえると思うので。

大事なのは結果です。子どもが不自由なく学習できればいいのですから、保護者に子どもの学習準備をする習慣が定着するまで、用意できないものを貸したり、「夜遅くまでやっている××スーパーに売ってますよ」などの情報を伝えたり、早めに何度も声かけして持ってこさせて、あらかじめ預かっておいたり。絶えず保護者を励ましながら、そんなことをしています。

深刻な問題を抱えた保護者に

だいじょうぶは万能と書きましたが、「だいじょうぶ」と言ってしまうと「そんな無責任に『だいじょうぶ』って決めつけられても」と保護者に感じさせてしまうこともあります。

むしろ、そのような逆効果になりそうなときにこそ、「一緒にやりましょう」と伝えます。

「一緒に考えましょう」と「一緒にやりましょう」。

この二つは、言葉的にはちょっとの違いだけれど、行動的には大きく違います。前章で説明したように、ほとんどの支援機関は、話を聞いて助言はしても、身体を使って支援をしてくれるわけではありません。

だから私は、せめて自分が関わった人には、「考えましょう」ではなく、もっと能動的に問題解決に関わる気持ちをこめて「やりましょう」と伝えたいのです。

そんな思いで取り組んでも、すべてがうまくいくわけではないですけどね……。

前の文章と相反しますが、「一緒に考えましょう」を選ぶこともあります。

一つは、こちらが手を出しすぎてしまうと、その人の自立を削いでしまうとき。

もう一つは、自分の力量を超えてしまいそうなとき。

繰り返しになりますが、スクールカウンセラー、スクールソーシャルワーカー、あるいは校外の各種支援機関が十分な支援をしてくれるとは限りません。

そこでつい、先生が無理をして引き受けてしまいがちなのだけれど、支援は一筋縄ではいかない仕事です。それを、先生たちは、専門性のないまま、必要に迫られて自分流にこなしている。そんな状態の中、つい深入りしてどうにもできない困難に直面し、途中で「無理だ」と支援の手を放してしまうことが、いちばん残酷です。

だから、自分がどこまで引き受けられるのか、状況と自分の力量を見極めて慎重に判断しましょう。

Phrase 04 きいてみますね

それでいいですよと言いたい気持ちを伝える

基本、保護者の質問にはなんでも「だいじょうぶです」「それでいいですよ」と答えたいのだけれど、どうしてもその場で判断できないときには、

「きいてみますね」

と答えます。

この答え方には、「個人的には、いいって答えてあげたいのだけれど、おそらく学校全体のルールがあると思うので、職員室に持ち帰って確認せざるを得ないんです」というニュアンスをこめているのです。

要望や提案をもらったときも

質問ではなく、「こうしてほしい」という要望とか、「こういうことをやりたい」という提案をもらった場合も、「きいてみますね」と答えます。

要望の対処や提案の実現は、管理職の判断が必要なので、こう答えることを覚えておくといいです。

ちょっとテクニックっぽいけれど、先に希望的観測を伝えてしまって、後でダメになってしまうほうが、よ

っぽど保護者に不誠実です。なので、要望をいただいたときには、判で押したように、こう答えることにしています。

聞いた結果を知らせる

聞いた結果は、必ずフィードバックします。

「それは当然でしょう」と思うかもしれないけれど、学校の超忙しい毎日の中では、意外とうっかり忘れちゃったりします。私だけ？

フィードバックするとき、良いお返事なら「ご希望に添えます」的な簡単なお返事でもいいのですが、期待に添えない場合は、一から十まではしょらずに、どう聞いたのか、どう交渉したのか、なぜダメなのか、を電話でよいので、詳しく丁寧に説明します。

このとき、必要ないかなと思うところまではしょらずにすべて伝えることがコツのように思います。人は、ことの全容を把握できるかできないかによって納得感が違いますから。

もちろん、伝えるときは、事務的にではなく「想いに応えられずに残念です」という気持ちをこめます。

ここまですれば、たとえ良いお返事ができなくても、保護者の方も「それなら仕方ない」とすっきり了解できるのではないかなあ、と思います。

想いを伝えたいから

子どものことをほめるのは、保護者「対応」の常套手段というイメージがあります。

〝普段はクラスの子のことを嘆いているのに、保護者の前でだけ、あるいは電話口でだけほめそやす先生〟を、何度か見たことがあります。そしてその方々は、どなたもしっかり、保護者の信頼を勝ち取っていました。

お見事としか言いようがない。

子どもをほめるのは、保護者「対応」のセオリー通り、まさにお手本です。

「素敵なひとです」

と伝えるのが、それと、どこが違うのか。

それは、この言葉を、ほんとうに、心の底から思って伝えているかどうかの違いです。

そりゃあ私の中にも、子どもをほめることの効用を期待する気持ちがないわけではありません。でもそれ以前に、ほんとうに素敵と思っているから、しみじみと口から出るのです。

この違いは大きいです。

もう一つ。

保護者に「こんなことがあったんですよ」と、教室でのエピソードを話すのも、保護者「対応」の効果的な嬉しいエピソードトークになると思います。

方法ですが。この方法も、同じように、心から伝えたいと思ってするのであれば、保護者「対応」ではなく、

「素敵なひとです」と「魅力的ですね」

私は「いい子です」ではなく「素敵なひとです」と伝えることのほうが多いです。だって、〝いい〟より〝素敵〟のほうが、包括する意味が多いと思いませんか。

また、〝いい〟に収まらないけれど〝素敵〟なことってあると思うのです。

〝子〟ではなく、〝ひと〟と表現するのは、そのほうが、一人の人間として大切にしている気持ちを表現できるから。

それから、さすがに問題行動が多すぎて、「素敵なひとです」とは言いにくいなあ……というときには、「魅力的」という言葉を使います。

先生を困らせる子だって、見方を変えれば、学校という枠には収まらない、ユニークで魅力的な子ですからね！

Phrase 06 「心配」はしないで

親が心配すると子どもは自信がなくなる

「心配をしないでほしい」

という言葉、私は、ほとんど全員の保護者に伝えているかもしれません。

それほど保護者は心配をしているし、それほど私は心配をしてほしくないのです。

保護者、特に母親が「心配」をすると、それは、子どもに「自分は心配な存在なんだ」という認識となって伝わります。子どもが自分を「心配な存在」と認識すると、「自信」が持てなくなります。「自信」が持てなくなると、新しいことにチャレンジすることを怖がります。失敗を避けようとします。

学校なんて、子ども時代なんて、新しいことにチャレンジして、失敗してナンボなのに、それでは本当にもったいない。

保護者だって、学校で大きく成長することを願っている

はずです。それなのに、いたずらに「心配」をして、その結果、知らず知らずのうちに、子どもたちの「自信」を奪い、失敗を恐れさせ、成長を阻害してしまっているのです。

だから私は毎年、一生懸命、「心配」はしないで、と保護者に訴えます。

心配なことがあったら、ちゃんとこちらから連絡するから、それがなければ、安心して見守ってほしいと伝えています。

信じられた子は自信が持てる

保護者に信じて見守られると、子どもは「自分は安心な存在なんだ」と認識して、「自信」を持つことができます。そして「自信」があれば、どんな課題にも前向きに取り組め、失敗も恐れません。精神的にも安定し、すくすくと成長していきます。

心配と信頼は表裏一体です。

それは子どもの自信に直結します。

冷静に考えれば単純な話なのですが、保護者は意外とこの図式に気づいていません。

もったいない話です。

子どもたちが自信を持って前向きに学ぶと、私たち先生も教えやすいので、Win-Winなんですけどね。

Phrase 07

マイナスの経験を大切に

可愛い子には旅をさせよ

「マイナスの経験を大切に」

というのは、昔から伝わることわざ「可愛い子には旅をさせよ」と同じ意図です。

ところが、旅行がレジャーになった今では、この言葉だと真意が伝わりにくい。このことわざの「旅」は、危険が伴う、どちらかというと冒険に近いような意味で使われていますから。

そこでこの言葉を編み出しました。

要は、厳しい経験、つらい経験が成長には不可欠っていうことです。

それなのに、保護者はなるべくそれを避けようとしてしまいます。何か起きたら、すぐに大人が介入して解決したほうがいいと考えてしまうのです。

そこで、

「マイナスの経験を大切に」

かなりの頻度で保護者に伝えています。

物事には限度がある

何がなんでも、オトナが手を出さずにマイナスの経験を必ず見守れ、という意味ではないです。

物事には限度があります。

これから先の人生に、長く影を落とすような陰湿ないじめ等があったら、大人は全力で介入するべきです。

反対に、今のご時勢では、ほんのちょっとしたマイナスの経験からさえ、子どもを護らなくてはならないという雰囲気があります。

でも、これも同じように危険です。

傷つくことすべてから子どもを遠ざけて、マイナスの経験をゼロにすることにも、一生続く影響があります。

知ることで強くなれる

保護者が心配をしすぎるのは、子どもは弱いもの、親は全力で子どもを護るべき、といった世の中の風潮を取りこんでしまったからだと思います。

その風潮から自由になって、「信じられた子どもは思っているよりも強くて、多少の厳しい経験もなんとか乗り越えられる。親は基本的にはそれを見守っていればいい」と思えば、保護者も安心して、マイナスの経験を受けとめられると思います。

Phrase 08

友達はいてもいなくても

保護者がいちばん心配なこと

保護者の心配ごとは「友達とうまくやれているか」というのが、いちばん多い気がします。私自身も最初の子を育てているときは、勉強より何より、学校で友達とうまくやれているのか心配で仕方ありませんでした。

そういう保護者に、私は、

「今、友達がいてもいなくても、まったく気にすることはありません」

と伝えます。

一人の愉しみを知っている

休み時間に一緒にトイレに連れ立っていくような親しい友達がいなくてもまったく構わないのに、保護者は、自分の子に学校で親しい友達がいるかどうかをとても気にします。

親しい友達がいない子も、クラスメートとは日常的にコミュニケーションしていますから、社会性はきちんと身についていています。

ですが、それだけでは不安なようです。

こんなときには、私は、

「友達と過ごすことを選ばないのは、一人の愉しみを知っているとも言えますよ」

と伝えます。

友達はいてもいなくても

一見、たくさんの友達に囲まれているクラスの人気者が、もしかしたら、ほんとうに信頼できる友達が見つからず、心の中は孤独かもしれない。

いっぽう、特に親しい友達がいない子や、いつも一人で物静かにしている子が、実は、内面に豊かな人間性が育っていて、ほんとうの友達に出会うための準備が進んでいるかもしれない。

どの子も必ず、いつかきっと、長い人生のどこかで、ほんとうの友達との素敵な出逢いに巡りあいます。

そして、長く生きてくると、学生時代より大人になってから知りあった友達のほうが断然多くなっている、ということもあります。

こう説明しても、それでも心配が拭い切れないという顔をする保護者に、「ご自身は、小学校時代の友達と今も親しくお付き合いしていますか？」と尋ねると、皆さんはっと気づいてくれます。

友達のことも、大人が過剰に心配しなければ、子どもたちはきっと、自分の力、自分のやり方で人生を切り拓いていけるように思います。だから、保護者にもそう伝えて、心配を薄めることも多いです。

Phrase 09

いろいろあります

心構えを持つ

人は皆、無意識のうちに、平穏無事に時が過ぎることを求めているように思います。だから、保護者が、「子どもには、毎日、平穏無事な学校生活を過ごしていてほしい」と思うのも当然のことです。

でも、たくさんの子どもたちが日々をともに過ごす学校という環境では、いろいろなことが起きるのが当たり前。何も起きないのがデフォルトではなくて、いろいろなことが起きるのがデフォルト。平穏無事とはいかないのが、何かしらあるのが、学校の日常です。

それをあらかじめわかっておいてほしくて、保護者にはいつも、

「学校では、毎日いろいろありますよ」

と伝えます。

ある程度、学校はいろいろあるところ、と心積もりをしておいてもらうと、何かあったとき、保護者は比較的冷静に受けとめることができます。

学校生活を見通す

私は小学校低学年の担任をすることが多いので、よく、「学年が上がるにつれて、もっといろいろなことが

ありますよ」とも伝えています。

何しろ、子どもたちの課題は、友達関係や恋愛等の人間模様、ＳＮＳ・インターネット上での問題等、年齢が上がるほど、どうしてもだんだん複雑化していきます。

だから、これからの学校生活をそうやって見通しておけば、高学年になって何か困ったことが起きても、心積もりがあるぶん、保護者の方も少しは落ち着いて受け止められるかなあ……と思ってそうしています。

「今」を相対化する

「学校生活だけじゃなくて、長い人生には、もっともっといろいろなこともありますよね」

と伝えることもあります。

保護者は、今の子どもの姿しか見えていないことが多いので、子どもの、今この瞬間だけを見つめるのではなく、大人になった後も含めた長い一生を俯瞰するよう、視点を変えてもらうのです。

そうすれば、目の前の大きな悩みが、小学校時代の一エピソードにすぎないと、相対的に小さく感じることができます。

何か失敗をして落ちこんでいる子どもにも、私はこう言います。

「人生には、良いことも悪いことも、いろいろなことが起きるものなんだよ！」

だいじなのは幸せです

目の前の成果に目を奪われない

子どもの持っている才能を最大限に伸ばしたいという親の素朴な思いと、学習成績やスポーツ・芸術活動の成果を上げることに夢中になりすぎて子どもを追い詰めてしまう、いわゆる「教育虐待（エデュケーショナルマルトリートメント）」は地続きです。

親は良かれと思っているのに、教育がいつの間にか不幸の種になる。

そんな悲しいことはありません。でも、

「だいじなのは幸せ」

このことをしっかりと放さずに持っていたら、素朴な願いが「教育虐待」に変質することはないはずです。

だから、それを保護者とどうしても共有しておきたいのです。

その子にとっての幸せ

SNSを開くと、友人知人の子どもたちが「留学しました」「賞を取りました」なんて文言が目に飛び込んできます。いっぽう私の子どもたちは、平々凡々に暮らしています。すると、なんだか背中がザワザワしてきます。「だいじなのは幸せ」なんて訴えておきながら、自分の子が人の子より見劣りする人生を送っているような気がしてしまうのです。本人たちは自分の平凡な暮らしを、十分幸せと思っているのに。

これはたぶん、私の中に沁みついた〝外国に行くのがすごい〟〝賞をとるのがすごい〟という、昭和の名残の価値観のせいでしょう。

平成生まれの我が子たちは、そのような価値観を持っていません。等身大の小さな幸せこそ、彼らの求めるものです。だから、外国に行くことにも、社会的な活躍にもそれほど興味を持たず、友達の活躍を羨ましがる様子もなく、淡々と自分の人生を生きています。

だいじなのは幸せ

どんな教育をすべきなのか。どんな能力をつけるべきか。

これまでも、今も、これからも、時代に応じた教育の形を識者たちは模索し、議論し、提出し続けることでしょう。

でも、いつでも変わらないのは、

「だいじなのは幸せ」

という、シンプルだけど、時代を超えた人々の思い。

令和生まれの子どもたちが、どんな価値観を持つ大人になるかはわかりませんが、私たちのこの願いはきっと変わらないはずです。

Phrase 11 ことばじゃなくても

心からのフレーズじゃなきゃ意味がない

くれぐれもわかっておいてほしいのは、保護者へのあんしんフレーズは、便利な道具ではなくて、心からの言葉であるということです。

ここで読んだ、あるいはどこかで見つけたフレーズだけを唇に貼りつけても、それでは意味がありません。

私がここに挙げたのは、たまたま私の心から生まれた言葉たちで、皆さんに参考にしていただきたいものです。

実際には、これを読んでいる方それぞれが、自分の心から生まれた、自分らしいあんしんフレーズを使ってコミュニケーションしていってほしいと願っています。

いちばんだいじなのは、非言語コミュニケーション

第4章のすべてをちゃぶ台返ししてしまうようですが、実は、あんしんフレーズより、もっと大切なことがあります。

それは、非言語コミュニケーションです。

つまり、言葉を使わないコミュニケーション、あるいは、言葉を使っているときに、言葉以外で伝わるコミュニケーションのことです。

言葉が通じない外国人同士でも、笑顔で想いを伝えあえるというけれど、要は、それに似たようなことです。

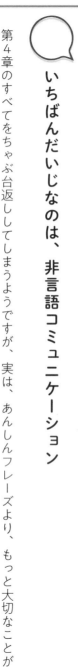

私たちは、実は、言葉以外の方法でも、想いを十分伝えているのです。

そこに「愛」があるか

言語でも非言語でも、大切なことは、そこに「愛」があるかっていうことです。

べたべたしたサービスをしたり、保護者を丁寧に扱ったりすることが愛ではありません。苦手な人を、無理やり好きになるべき、ということでもないのです。

もう少し大きな意味での、人類愛に近いような、広い愛。苦手だな、嫌だな、と思っても、その奥に必ず大きな愛を失わず持ち続けること。

そうすれば、それは全身から醸し出されて、きっと保護者に伝わります。

そして、あなたのあんしんフレーズも、より優しく、相手に沁みていきます。

Column 4

どんなときも好意を持ち続ける

この世で唯一価値あることは、真実と正義を奉じつつ、しかも嘘つきや不正な連中にも好意を抱きながら一生を送ることである。

（アウレリウス）

良い子ちゃんぶっているつもりはないのだけれど、実際、“嘘つきや不正な連中”に、私は出会ったことはないです。学校関係者にも保護者にも、世間が言うほど悪い人はいないと思っています。

けれど、保護者から懐疑的な目を向けられたり、誤解されたり、批判されたりすることはありました。

そんなときには、正直、悲しい気持ちでいっぱいになります。「こんなに一生懸命頑張っているのに、どうして信じてもらえないんだろう」って。

それでも、どんな保護者に対しても、好意を持ち、信じ続けること。なぜかわからないけれど、直感的にそれは手放しちゃいけないと思って、ずっとそうして、ここまできました。

そして、きっと、これからも。

■アウレリウスとは……

第16代ローマ皇帝。その学識と治世の手腕から五賢帝の一人として評価される。著作『自省録』は、その哲学的思考と内面の葛藤を知ることのできる貴重な資料で、2000年もの長きに渡って世界中で読み継がれている。

【参考・引用文献】アウレリウス著／神谷美恵子訳『自省録』（岩波文庫）

第5章

こんなときは保護者とこんなコミュニケーションを

スポーツ庁の部活動改革、……部活動が教師の献身の上に成り立っていることを踏まえ……
え⁉ 部活って先生たち ボランティアだったの⁉
知らなかった…
早朝稽古 寒稽古
合宿
成績も気にしてもらって
顧問の先生には感謝しかないよ ほんとに…
剣道部でした

「保護者「対応」をやめるって言ったって、具体的にどうすればいいのか……」

という声にお応えして、ここでは、若い先生方からリクエスト頂いた、

・４つのシチュエーション（１～４）
・６つの具体的ケース（５～10）

について、私ならどうするかを考えました。


ただし、ここに書いてあることは一つのアイデア、林真未という一人の先生のやり方でしかありません。

読者の皆さんには、これをヒントに、それぞれが自分のスタイルを生み出していってほしいと思います。

やり方は一つではないし、どれが正解ということもありません。

とにかく、自分の心からほとばしり出た、自分らしいやり方が、いちばんその人に似合います。

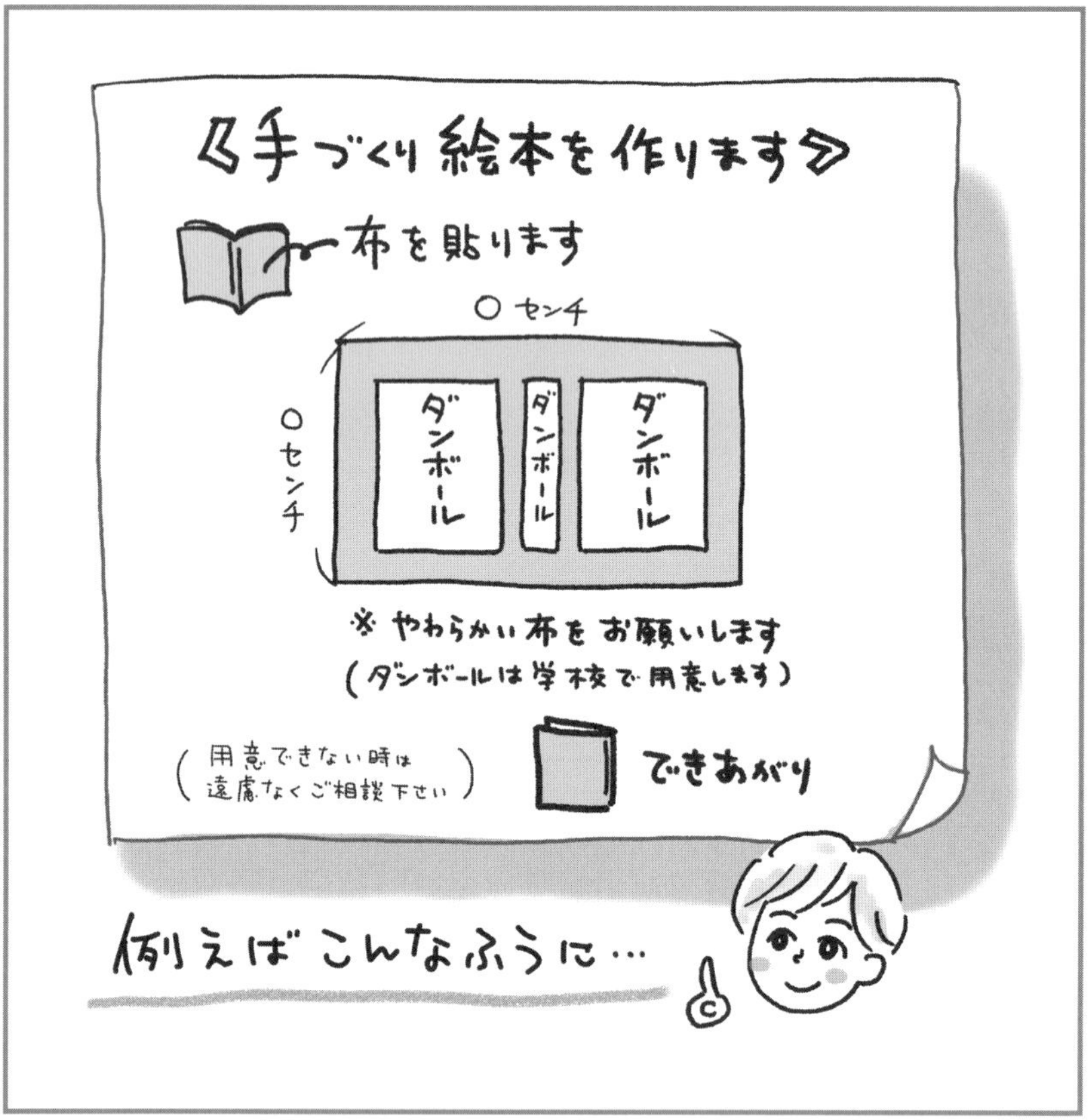

保護者時代に心の中に溜めていた思いと、先生になってからの数々の失敗を踏まえて、おすすめの連絡方法をお伝えします。

こういう何げない場面で細やかな心配りをすることが、ベーシックな信頼感につながるはずです。

特別な持ち物の連絡をするとき

【早めに通知】

1か月から1週間前には、今後必要になるものについてアナウンスします。詳しく決まっていなかったら、「空き箱」とか「布地」とか、ざっくりでもいいので。

【要望は具体的に】

詳細が決まり次第、なるべく早く、少なくとも1週間前くらいまでには具体的な情報を伝えます。その際、大体○センチメートル×○センチメートル程度、というように数字で示します。イラストを添え、図解で説明すると、なお効果的です。

【意図を詳しく】

なぜそれが必要なのか、どういう使い方をするのかを、あわせて説明します。「それがあると用意がしやすい」という保護者の要望があったので、持ち物の連絡にこれを付け加えるようになりました。

【用意できないときには】

単純に無理な家庭だけでなく、かつての我が家のように、普段ペットボトルを買わないとか、牛乳パックがないとか、そういうケースも想定しつつ、「用意できないときは遠慮なく相談してください」と添えます。

02 保護者会での事前予防

家族支援学のセオリーなのですが、「事前予防は事後処理より、ずっと小さな労力で大きな効果を期待できます」

そして、保護者会は、保護者トラブル事前予防の最大のチャンスです。保護者会に関する細かいアイデアは、まだまだあるのですが、スペースの関係で、今回はエッセンスのみお伝えします。

保護者会のエッセンス

【保護者へのまなざしをリセット】

口ではいいことを言っていても、お腹の底で保護者を受け入れていなければ、それは、なんとなく伝わります。逆に、保護者の存在を心から温かく想っていれば、多くの保護者はその真心を受けとめてくれます。担任が当たりかはずれか、と秘かに値踏みしていた保護者も、自分のさもしさに気づいて反省し、きっと心を入れ替えます（あ、昔の私のことです）。

【可能な限りの自己開示】

誰でも、よく知らない人を信頼することは難しいものです。だから、自分が誰にでも伝えていいと思っている範囲内で、自分のバックグラウンドや人となりを表現することは、保護者の信頼を得るための最初の一歩です。正直、保護者は学校や学年の教育目標には興味ないんです。それより、担任自身が、何を大切にして、どう教育に向かっているのか。それこそが知りたいのです。

【保護者と保護者をつなぐ】

会の中で自己紹介やグループトークをしてもらう、会の前後に紹介しあうなど、積極的に保護者同士をつなぐアクションも不可欠です。年度の当初にたくさん知り合いをつくってもらうことは大切なのです。保護者同士が顔見知りになっていれば、後々、子ども同士のトラブルが起きても、悪い方向に行かずに済みます。

03 個人面談の３ポイント

「先輩にいろいろアドバイスもらったけど、やっぱり個人面談、どう話せばいいか難しいです……」
「子育ての経験がないから、親御さんの気持ちがいまいちわからないです……」
……そんなに難しく考えないで。子育て経験があろうがなかろうが、ありのままの自分で、新しく出会う人間同士として、礼儀を尽くせばいいだけです。

素手で勝負しよう

【まず、話を聞く】

私の個人面談は、保護者の方が伝えたいこと聞きたいことを尋ね、それに答える。その後、こちらから伝えたいことがあれば伝える。ただそれだけです。あまり資料も用意しません。

その会話が終わったら、保護者の話をよく聞きます。そうすると、話が弾めば弾むほど、保護者にしか見せない子どもの姿を知ることができます。

【愛をこめて語る】

同様に、子どもの学校の様子も、なるべく詳しくお伝えします。保護者から学校の様子は見えません。子どもの主観的な報告で誤解が起きていることもあります。学校の様子を伝えることで、そんな、こちらが知らなかった誤解が解けるきっかけも見つかります。話す際には、子どもの素敵なエピソードも、問題行動も、どちらも同じテンションで、愛をこめて。

【時間を守る】

私は、全員同じ15分間で面談を終えます。保護者によって時間の長短をあらかじめ想定する先生を否定しているようで書きにくいのですが、私は、皆さん僅かな時間のために学校に足を運んでくださっているのですから、特別扱いの人をつくりたくないのです。特定の人と長く話す必要がある場合、別日に、再度設定します。

04 保護者との電話の原則

私は電話が苦手です。だから、なるべくかけずに済ませたいと思っていました。でも、先輩に「電話どうしようかなと思ったら、する」という素敵なアドバイスをいただいてからは、けっこう電話するようになりました。

後は、仕事に夢中になって、電話をかけるタイミングを逃す癖を直したいと思っているんですけど……。

保護者に電話をかけるとき

連絡漏れや何かの確認の電話はともかく、問題が起きたときの電話は、気が重いですよね。事実をはっきり、時系列で。憶測や感想は挟まずに。わからないことはわからないとそのまま伝える。それがベストだとわかってはいるんですけど、実は、私もあまり上手にできません。他の子にけがをさせたとか、モノを壊したとか、そういう電話をするとき、「保護者がこれを聞くの、しんどいだろうなあ」と同情してしまい、なんとか気持ちを支えたくて、必要以上に言葉が多くなってしまいます。でもそうすると、その余計な言葉が誤解につながったりするから、ほんとうはシンプルイズベストですよ！

保護者からかかってくるとき

保護者からかかってくる、なんらかのクレームや要望の電話も憂鬱なものです。何度かそういう電話を経験し、落ちこんだけど、今はもう次のように決めています。

できる、できないはきちんと伝える。落ち度があれば素直に謝罪する。そして、そのことに対しての自分の思いを丁寧に説明し、誠意を尽くして理解を求め、それでもわかってもらえなかったらあきらめる。

シンプルに、これだけです。だって、それ以上、できることはありませんから。

「毎日こんなに頑張っているのになあ……」という愚痴を、ぐっと呑みこみながら……。

05　個別の相談を受けたときは

個別の相談を受けたときは、くれぐれも、自分のキャパ以上のことは引き受けないで。それをすると、みんな不幸になっちゃいます（Ｐ98－99参照）。専門職も学校外リソースもつなぐのは慎重に。うかつにやると、それもネガティブな結果を招きかねません（Ｐ24－27参照）。主任・主幹や管理職への報連相（報告・連絡・相談）も忘れずに！

こんなときどうする？

●相談っていうか、要望ばかり言われて、ちょっと疲れちゃってます。

要望が繰り返されて終わらないのは、たぶん、こちらが出した答えに満足できていないからです。その場合、私なら、むしろこちらのほうから圧倒的に手厚く要望に応えるか、応えられないときはその理由を不足なく語るかして、十分に納得してもらいます。稀な例ですが、保護者自身がメンタル的な問題を抱えていて要望が収まらないこともあります。この場合は、学校側が要望に応えるより、速やかにカウンセラーさんにつないで、保護者自身の精神的な安定を図るほうが、効果的かもしれません。

●病院の先生の意見を信じて、学校の実態をわかってもらえなくて。

ちょっと診察しただけなのに、児童精神科医っていうだけで、毎日見ている担任より信頼されてしまうっていうこと自体、悲しいですよね。きっと、お医者さんの言葉のほうが、保護者のほしかった言葉なのでしょう。私なら、病院に直接連絡をとって状況を説明し、お医者さんと連携します。

●時間外に職員室に訪ねて来て、相談されることがあって……。

きっと思い詰まってお訪ねなのでしょうから、私なら、時間外でも、仕事を中断されても、やっぱり話を聞いちゃいます。先生なら、きっと誰でもそうするでしょう。ただ、話し終わった後で、「実は……」と、言葉を選びつつ、時間外の訪問は避けていただくよう笑顔でお願いをします。

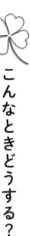

06　友達とのトラブルがあったら

「友達とのトラブルを相談されたとき、どうすれば……」

子どもの憂いをすぐに察知して心配する保護者が増え、けれど保護者同士の関係は希薄になってしまっているので、結果、友達とのトラブルの心配は、双方を知っている、学校の先生に頼るしかないんですよね……。

知り合い同士ならだいじょうぶ

学校で子ども同士にトラブルがあったとしても、保護者同士が知り合いだったら問題にはなりません。

ところが、保護者が、相手の子どもの顔も親の顔もわからないと、自分の子どもの言い分だけ聞いて、疑心暗鬼になります。子どもは自分の被害しか言わないので、「そんなひどいことをするなんて、いったいどんな子、どういう親なんだろう」となってしまうのです。だから、P123で書いたように、年度当初の保護者会でなるべく知り合いになってもらうことには、大きな意味があります。

見守りのお願いと丁寧な報告

トラブルの相手に対する不信感いっぱいで相談に来た保護者に、私は「どちらもいい子だから、きっと何か事情があると思います」と伝えます。このとき、〝どちらもいい子〟と伝えることが肝要です。

実際、心から極悪なんて子はいないし、学校で、子ども双方から丁寧に話を聞くと、たいていは誤解やすれ違いが原因で、それを紐解くことで解決することが多いのです。

解決したら、相談してきた保護者に事情を伝えます。このとき、はしょらないで最初から最後までことの次第を丁寧に伝えること、自分の感想を挟まず事実だけを伝えることがコツです。

発達に偏りのある子が絡むと、このように一筋縄では行かないこともありますが……。

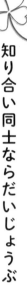

通知表へのクレームがあったら

「ウチの子の通知表、どうしても納得がいきません、どうして「よくできる」じゃなくて、「できる」なんですか？」

あんなに悩んで、毎日遅くまで残って、やっと出した成績なのに、こんな連絡をもらうこともあります……。

たいていは言わずに済ませている

もし、もらった通知表が不満でも、ほとんどの保護者は先生に伝えません。つまり、保護者から直接学校に連絡が来るということは、よっぽど腹に据えかねる状況があるということです。

だからまず、「えー、もう。あんなにちゃんと考えてつけたのに」という気持ちを鎮めて、保護者の気持ちに寄り添います。保護者の気持ちをわかっていることを知らせるために、私は、「くり返し法」というコミュニケーションを使います。これは、相手の言ったことを語尾だけ「～とお考えなんですね」と変えて、そのまくり返す方法です。この方法を使うと、こちらが相手の訴えたいことを了解していることが伝わり、安心していただけます。「まあ、いいです、わかってもらえれば」とクレームがなくなることもあるかもしれません。

証拠を用意しておく

通知表のクレームをもらったとき、武器になるのが、明確な根拠となる詳細な記録です。

人間は、驚くほど印象に左右されるイキモノです。だから、すべての教科で単元ごとに活字で記録された一覧があれば、「しっかりつけていたんだ」という印象を持ちます。それが実際には、単なるテストの成績の羅列であっても、先生の主観的な評価によるものであってもです。目の前にきちんとした活字記録と成績の根拠が提示されれば、保護者は納得できます。それでもダメなら、管理職に報連相を行いましょう。

不登校の子の保護者には

夏休みが終わったのに、学校に姿を見せないあの子。どうしたんだろうと心配していたら、ご家庭からの連絡が。

「ウチの子、どうしても学校に行きたがらなくて、もうどうしていいかわかりません……」

さて、どうしましょうか……。

不登校対応これだけは

【ほんとうは行きたいのに行けない】

学校復帰だけが不登校対策じゃない。……と言いますが、ほとんどの子は、心の奥底では、行けるものなら学校に行きたいと思っています。けれど、無理やり連れて行っては修羅場になる。自分の足で学校に向かうことが「学校に行く」ということです。どうすればそれが実現できるのでしょうか……。

【保護者を支える】

保護者は相当のダメージを受けています。その心理を紐解くと、彼らを苦しめているのは、「不登校」という現象によって、自分の子がマイノリティになってしまった不安、子どもの将来への不安、世間に親失格というレッテルをはられるのではないかという不安…。それらに押しつぶされないよう、まずは親を支えます。

【やれることは全部やる】

私もこれまで、母子登校を続けてもらったり、放課後マンツーマンの時間をとったり、保護者と継続的に面談したり、カウンセラーにつないだり、スクールソーシャルワーカーと連携してアプローチしたりなど、いろいろやってきました。フリースクール等でも登校と認められる制度、保護者を継続的に支える民間サービス等もあるので、それらも視野に入れます。また、Ｐ22－27を参考に、学校内外のリソースで信頼できるものを見極めておくと、役に立ちます。状況に応じて、やれることは全部やる。ただし、無理は禁物です。

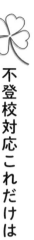

問題行動を伝えるときには

授業中に、離席してしまう。すぐに自分勝手な行動をする。気にいらないことがあると、友達に暴力を振るう。ときには先生にまで。あまりの傍若無人ぶりに、保護者の方に来てもらって、話しあうことになりました。

ところが、やってきた保護者は、

「ウチの子は、家では全然そんなことはないので……」

と言うのです。……さて、どうしましょうか。

保護者の思い

まずは、連絡をもらったときの保護者の気持ちを予想します。

【現実が受け止められない】

人は弱いです。無意識に、嫌な現実から逃げ出してしまいたくなるものです。自分の子が呼び出されるほどの問題児だなんて、信じがたいのでしょう。

それで、「家ではそんなことないのに」など、逃げ道を探してしまいます。

実際、集団の中で一斉指導に従えない子でも、大人が一対一で接しているぶんには、とってもいい子ですからね。

【本当にウチの子だけが悪いのか？】

「どうしてウチの子ばかり悪者に？周りの友達の言動や先生の指導に、本当に原因はないの？」というのも、保護者は考えがちです。

先生のほうは、「いやいや、あなたのお子さんが全面的に悪いんですよ」と言いたくなるところでしょうが、それを主張するには、丁寧に事実を提示することが必要です。

だから、保護者に現状をわかってもらうためには、それを事前に用意しておく必要があります。

どうやって伝えるか

【最初のアプローチを工夫する】

保護者の方に連絡するとき、

「お子さんが学校で問題行動をしていて困ります。一度学校においでください」

ではなく、

「学校で、ルールを守れない状況があるのですが、理由に心当たりはありませんか。どのように声かけすればいいのでしょう。小さい頃から彼を育てている、お家の方に教えていただきたいです」

という言い方でアプローチします。

【事実を正確にこと細かに伝える】

ある学校の話ですが、毎日のように友達とトラブルになり、その都度学校で双方の言い分を聞いて、納得して帰宅したはずが、必ず家で保護者に違う説明をする子がいたそうです。そのため、必ず放課後にお家から電話がかかってきて、学校での状況を説明するのだけれど、子どもを信じたい保護者の方は納得できない。そんなことが続いていたそうです。

そこでその学校では一計を案じ、現状をわかってもらうために、特別支援コーディネーターであった保健の先生と担任が協力して、こと細かにその子の行動観察日記をつけ、保護者に毎日伝えたそうです。

事実だけを、淡々と。

すると、放課後の電話はなくなり、日記の報告もやめてほしいという申し出があったとのことでした。

これも一つの方法として参考になります。

【保護者の学校見学（リアル／オンライン）】

現状をわかってもらうために、保護者にずっと学校生活にはりついてもらうという事例も聞きました。

子どもは、最初は親に見られていることを意識するものの、長い時間になってくると、つい、いつもの学校での行動が出て、そして保護者は学校での子どものリアルを知る、というわけです。

今や、Zoom や Google Meet 等のツールを使えば、家や職場にいながら学校の様子を見てもらうことも可能です。

保護者が了解して、双方の合意のもとでそれができるのであれば、リアルに来てもらうより、むしろそのほうが有効かもしれません。

伝えないという選択肢

ベテランの著名な先生で、「どんなことがあっても、保護者に連絡せずに、絶対教室で解決する」というやり方を貫いている方もいました。考えてみれば、（もちろん、必要のある場合を除いて）一切保護者に連絡をしなければ、保護者トラブルのリスクはないですからね。

私も、どちらかというと、このタイプです。

10

支援につなげたいときは

前項で、問題行動を保護者と共有したのは、もちろん、保護者を責めるためではありません。むしろ問題を共有して、なんらかの支援につなげるためです。

さて、どのように動けばいいのでしょうか。

まず、事実を見つめる

私なら、保護者と問題を共有したら、しばらく様子を見ます。

その子の問題行動が、強い発達の偏りが原因なら、保護者と学校がいくら気をつけていても、なんらかの事件は起きてしまうもの。それを受けて、次のように伝えます。

「おうちでも学校でも本人がこれだけ頑張っているのに、それでもうまくいかないということは、私たちの力ではどうしようもない原因があるのかもしれません。その原因を探ってみませんか？」

こうして受診につないで、こちらが想定した診断結果が出たら、それを受けとめる保護者を支えます。

事実を正しく認識し、冷静に支援につなぐ

診断結果が出た後は、具体的な支援方法の検討です。

第1章でも言及しましたが、このとき、発達障害はほぼ生まれつきのものであることを、保護者も先生も了解しておくことが必要です。この共有をしっかりしておくと、いたずらに親の養育態度や愛着障害を疑わず、あるいは子どもの性格的欠陥や忍耐力・協調性等に帰着させずに、その子の特性に合った支援方法や言葉かけを冷静に検討することができます。自治体によって、発達障害の支援サービスが必ずしも充分ではないことも保護者と共有し、その範囲の中で、支援を可能な限り実現します。

　そういえば、子どもの頃、自分は「思いやりのある人間だ」と思いこんでいたけれど、今は、そうじゃないとわかります。

　誰だって優しいし、誰だって優しくない。

　たぶんそれがほんとう。

　みんなたいして変わらない。

　だから意識的に、根っこに「相手を想う気持ち」を持ち続けることが必要なのです。

失敗の後、どうするか

実は私、この本に書いてあることを実践できず、保護者の不信を買ってしまうことがいまだにあります。「愛を！」とか叫んでいるくせに、いざとなると愛のない受け答えをしてしまったり、多忙に負けて配慮が行き届かなかったり、単純に誤解からすれ違いが生まれてしまったりとか、いろいろです。

だから、「マミ先生でよかった」と言ってくださる方がいる反面、「こんな本を書いているけれど、マミ先生ってダメだよね？」って思う方もいるだろうなあ、と戦々恐々としています。

今まで書いてきたことの信ぴょう性が問われるけれど、でもこれは書いておかなければ。

誰だって、失敗します。

今これを読んでいるあなたより、私のほうが手酷い失敗をしています。だから、何があっても安心してください。

大事なのは失敗の後です。

過去はもう取り戻せないから、恨み節は捨て、未来志向で、今から本気で相手のことを想って行動しましょう。ただし、保護者「対応」するのではなく、「対等で親しい関係」の上で、アサーティブに。

それはきっと、綺麗ごとじゃ済まない、心乱れることも、心が折れそうになることだってある、きわめて泥臭い営みになります。

でも、これを軸に持っていれば、めったなことにはならないと思うし、たとえ最終的にうまくいかなかったとしても、心爽やかに終われるのではないか、と思います。

Column 5

自分で見て、感じたことを大切に

自分自身の目で見、自分自身の心で感じる人は、とても少ない。
（アインシュタイン）

世の中はうんざりするほど情報に溢れていて、本や雑誌やSNSやインターネットコンテンツ……と、あっちを向いてもこっちを向いても、いつでも誰かが教育の何かを伝えてきます。

リアルの世界でも、先輩方が「こうしたらいいよ」「これを覚えておくべき」と親切にアドバイスしてくれる。この本だって、そういう情報の一つですよね（他では読めないユニークさには自信があるけれど）。

でも、どうか惑わされずに、あくまでも自分の目と心で見て、感じて、判断して、行動してください。

自分の目を覆うフィルターや、感性を邪魔するバイアスに、知らないうちに毒されないよう、どうか気をつけて。

状況を自分で感じ取り、正しく認識する。

情報や知識は、それを手助けするために、後ろ手に持っている道具であり、必要なときに取り出す引き出しの中身でしかないのです。

■アインシュタインとは……

理論物理学者。物理学に革命をもたらした彼の業績は世界中で高く評価され、「20世紀最高の物理学者」とも評される。1921年ノーベル物理学賞受賞。

おわりに

●理想的な「対応」より、包まれるような愛を

「お母さんほどすごい先生ってなかなかいないと思うよ」

と、小学校教師の娘に言われました。よしよし、私の教師としての力量を、我が子もとうとう認めたか。

「あ、いや、そういうことじゃなくて。単純に、お母さんほど子どものことを愛している先生って見たことないもん。そこがすごいのよ」

そこかよ。

「だって、究極、子どもがいちばんほしいのって、それじゃん」

……そうだね。君の言う通りです。

保護者がほしいのも、それだと思う。理想的な「対応」より、完璧な授業より、きっと、包まれるような愛がほしいんじゃないかな。

●この世に尽きることのない愛を

「そうは言っても、子どもはともかく、保護者は無条件に愛せないよー」

という先生方の声……。

そうですよね、わかります。私だって、保護者を分け隔てなく愛せるような人格者じゃないです。それどこ

ろか、謙遜でもなんでもなく、いまだに、保護者を含め、人とうまくつきあえない。わがままで気まぐれで、いつも周りを困惑させてしまう人間です。

でも、そんなことは言っていられません。

だって、子どもと保護者は地続きだから、子どもを幸せにしようと思ったら、親を愛することから始めるしかないのです。

〝いい人〟じゃなければ、愛されることは難しいかもしれません。でも誰だって、愛することは可能です。愛することなら、どんな人でも（私でも）、自分の意志さえあればできます。

だから、泉のように、自分から、愛をこんこんと溢れさせましょう。

綺麗ごとの愛じゃなく、思いを伝えあい、ときにぶつかりあうことさえ覚悟した愛を。

そんな愛が溢れる学校現場は、きっと、とても美しい。

２０２５年１月

林　真未

参考文献・取材協力

■参考文献

・「新しい時代の教育に向けた持続可能な学校指導・運営体制の構築のための学校における働き方改革に関する総合的な方策について（答申）（中教審第213号）」【平成31年1月25日】
・「「令和の日本型学校教育」の構築を目指して～全ての子供たちの可能性を引き出す、個別最適な学びと、協働的な学びの実現～（答申）（中教審第228号）」【令和3年4月22日】
・「第4回子育て生活基本調査（小中版）（2011年）」（ベネッセ教育総合研究所）
・安藤寿康著『日本人の9割が知らない遺伝の真実』（SB新書）
・Saul Alinsky 著『Reveille for Radicals』（Vintage）
・松崎運之助著『母の色えんぴつ』（北水）
・Dolores Curran 著『Working with Parents』（AGS）
・アン・ディクソン著・竹沢昌子・小野あかね監訳『第四の生き方　自分を生かすアサーティブネス』（原題 A Woman in Your Own Right）（つげ書房新社）
・西野博之著『7歳までのお守りBOOK』『10歳からの見守りBOOK』（ジャパンマシニスト社）
・A・S・ニイル著・堀真一郎訳『問題の親』（原題　The problem parent）（黎明書房）
・Kent.M.Keith 著『Anyway：The Paradoxical Commandments』（PUTNAM）
・マルクス・アウレーリウス著・神谷美恵子訳『自省録』（岩波文庫）

・林真未著『低学年担任のためのマジックフレーズ』（明治図書）

参考サイト

・文部科学省
https://www.mext.go.jp/index.htm
・アサーティブジャパン
https://www.assertive.org/
・家族支援@学校
https://school.flejapan.com/
・家族支援と子育て支援
https://flejapan.com/
・1st-step-kokorono-clinic のブログ
https://ameblo.jp/1st-step-kokorono-clinic/
・Summerhill School
https://www.summerhillschool.co.uk/
・Albert Einstein quotes（Brainy Quates）
https://www.brainyquote.com/quotes/albert_einstein_121030

取材協力

渡邉愛菜／菊池咲耶／堀内耀／西川新之助／小出菜々美

初出誌

・『授業力＆学級経営力』（明治図書）２０２１年４月号～２０２３年３月号、２０２４年９月号

【著者紹介】

林　真未（はやし　まみ）

雑誌記者を経て、家族支援者を志す。３児の子育てをしながら、通信教育でカナダ・ライアソン大学（現・トロント州立大学）家族支援職資格課程を修了し、日本人初のファミリーライフエデュケーターに。

公立小学校教員、子育て支援 NPO 理事でもある。

著書に『困ったらここへおいでよ。日常生活支援サポートハウスの奇跡』（東京シューレ出版）、『子どものやる気をどんどん引き出す！　低学年担任のためのマジックフレーズ』（明治図書）共著書に『「ふつう」に心がざわつく子どもたち LGBTQ ＋の子どもも含めたみんなが安心のクラスづくり』『一人一人違う子どもたちに「伝わる」学級づくりを本気で考える』（明治図書）がある。

【マンガ・イラスト】

有田　りりこ

雑誌や書籍に挿絵を描いて30年。趣味は犬の散歩。

Instagram　有田りりこ　aritaririco

X（旧 Twitter）　有田りりこ　@aririco

学級経営サポートBOOKS

保護者「対応」をやめる
親と先生の新しい関係をつくる学級経営

2025年２月初版第１刷刊 ©著　者　林　真　未

発行者　藤　原　光　政

発行所　明治図書出版株式会社

http://www.meijitosho.co.jp

（企画）新井皓士（校正）髙梨　修

〒114-0023　東京都北区滝野川7-46-1

振替00160-5-151318　電話03（5907）6701

ご注文窓口　電話03（5907）6668

＊検印省略　組版所　長野印刷商工株式会社

Printed in Japan　ISBN978-4-18-122912-2

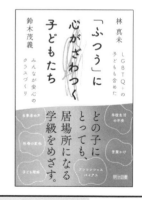

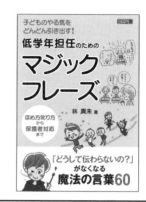

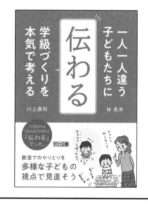